桌式足球
TABLE SOCCER

主编 毛 敏 李德华 李 睿

▶ **视频教学版**

本书采用图文与视频相结合方式进行桌式足球技术展示，你可通过扫描上方二维码在线观看相关技术视频。

上海大学出版社

图书在版编目(CIP)数据

桌式足球/毛敏,李德华,李睿主编. —上海:
上海大学出版社,2024.12. —ISBN 978-7-5671-5155-0

Ⅰ.G898.1

中国国家版本馆 CIP 数据核字第 2024UA0846 号

责任编辑　黄晓彦
封面设计　江　辉

桌 式 足 球

主编　毛敏　李德华　李睿
上海大学出版社出版发行
(上海市上大路 99 号　邮政编码 200444)
(http://www.shupress.cn　发行热线 021-66135112)
出版人：余　洋

*

上海颛辉印刷厂有限公司印刷　各地新华书店经销
开本 710mm×1000mm　1/16　印张 13　字数 260 000
2024 年 12 月第 1 版　2024 年 12 月第 1 次印刷
ISBN 978-7-5671-5155-0/G·3670　定价：68.00 元

版权所有　侵权必究
如发现本书有印装质量问题请与印刷厂质量科联系
联系电话：021-57602918

序 言

  国际桌式足球联合会（ITSF）自成立以来，就致力于桌式足球（Table Soccer）运动的全球推广，并推动桌式足球成为国际奥委会官方承认的体育运动。作为ITSF负责人，我一直关注着中国桌式足球的发展。中国作为全球人口大国之一，如果能将这项运动推广普及，将极大地帮助我们实现这一目标。桌式足球作为一项在欧美发展了100多年的全民健身运动，被中国正式引进还是本世纪初的事，我很高兴看到这项运动在中国被越来越多的人所了解和热爱；特别是看到国家体育总局专门成立了全国桌式足球推广委员会来积极推广这项运动，近年来在教学培训、校园推广、赛事运营等方面取得了一系列成绩，这让我对中国桌式足球的未来充满了信心。

  当中国桌式足球推广委员会提出要编写一本全国通用的桌式足球教材时，ITSF及我本人都十分支持。在策划、编写教材的过程中，编委会与我们进行了充分的沟通和交流，尽管双方语言不通，需要借助翻译，但在沟通、交流过程中，他们对桌式足球的专业、专注、执着和认真还是深深打动了我。ITSF也诚恳地提了一些意见和建议，特别是关于桌式足球的国际赛事、规则和标准等方面，力求使教材在符合中国国情的基础上，与国际接轨。

  最后，我代表ITSF预祝教材早日出版，为中国广大桌式足球爱好者提供系统的教学培训指导，推动中国桌式足球更快、更好地发展和普及，为桌式足球的全球推广贡献中国力量！

国际桌式足球联合会主席 法伊德（Farid）

2024年8月

前言

桌式足球是一项健康益智的运动，诸多的优点天然适合作为一项全民健身运动来推广。在国家体育总局的关心、支持及全体桌式足球同仁的共同努力下，中国桌式足球近年来取得了令人瞩目的成绩，参与桌式足球运动的人数快速增长，开设桌式足球课程的学校越来越多，中国公开赛、全国锦标赛等各类桌式足球赛事的规模和影响力也越来越大。

作为一项新兴的体育运动，桌式足球快速发展的同时也存在着诸多问题，特别是缺乏全国统一的桌式足球教材，使桌式足球培训难以做到系统化、标准化，也让大量的桌式足球爱好者无法通过自学掌握桌式足球技战术，阻碍了中国桌式足球进一步发展壮大。因此，编写一本全国通用的桌式足球教材就显得尤为紧迫和重要。

江西省桌式足球协会作为全国首个省级桌式足球协会，自2019年成立以来，通过大力开展教学培训，培养了大批优秀的桌式足球运动员、教练员、裁判员；先后成功举办了2019年、2023年全国桌式足球锦标赛及多届九江市桌式足球赛事，并协办了2022年江西省第十六届运动会及2024年九江市第十四届运动会桌式足球比赛；推动桌式足球进入九江学院、萍乡学院、九江市九江小学、九江市双峰小学、上饶市铅山县实验中学等50多所学校。江西省因此成为近年来桌式足球发展最快、最好的省份。

鉴于多年来在教学培训、校园推广、赛事运营等方面积累了非常丰富的经验，受国家体育总局社会体育指导中心和全国桌式足球推广委员会委托，江西省桌式足球协会承担了编写教材的任务。对此，我们深感责任重大、任务艰巨，为了向全国桌式足球爱好者交出一份满意的答卷，我们专门成立了编委会，组织国内大量专家投入教材编写工作，同时向国际桌式足球专业人士广泛征求意见，经过大半年的奋战，数易其稿，终于完成教材编写工作。在此也要特别感谢九江市九星运动用品有限公司，作为全球领先的桌式足球器材生产商和桌式足球运动推广企业，在教材编写过程中免费提供了拍摄场地和器材，以及资金和人力上的大力支持，使编写工作顺利完成。

但毕竟是第一次编写桌式足球教材，加上时间仓促，我们很难做到尽善尽美。望广大读者积极提出修改或补充意见，我们将在后续版本中逐步修订、完善。

江西省桌式足球协会编委会

2024年8月

目 录

第一章 桌式足球概述 ... 1
- 第一节 桌式足球简介 ... 2
- 第二节 桌式足球起源与发展 ... 4
- 第三节 桌式足球组织与赛事 ... 8

第二章 桌式足球器材及保养 ... 10
- 第一节 桌式足球器材介绍 ... 11
- 第二节 桌式足球器材保养 ... 15

第三章 桌式足球技术 ... 16
- 第一节 基本技术 ... 17
- 第二节 三人杆技术 ... 35
- 第三节 五人杆技术 ... 45
- 第四节 二人杆技术 ... 59

第四章 桌式足球训练 ... 84
- 第一节 综合技术训练 ... 85
- 第二节 专项素质训练 ... 90
- 第三节 比赛心理素质训练 ... 102

第五章 桌式足球常用战术 ... 122
- 第一节 进攻战术 ... 123
- 第二节 防守战术 ... 147

桌式足球竞赛规则与裁判法 ... 158

中国桌式足球中长期发展规划（2021—2035年） ... 194

参考文献 ... 199

第一章
桌式足球概述

第一节 桌式足球简介
第二节 桌式足球起源与发展
第三节 桌式足球组织与赛事

第一节 桌式足球简介

桌式足球就是把偌大的足球场搬到一张办公桌大小的球台上,双方通过操纵人偶来模拟足球比赛的一项体育运动。

桌式足球的特点

（1）浓缩了足球的精华。选手只需通过双手操纵球杆，即可展现带球、传球、射门、扑救等各种精彩的足球动作，体验真实足球场上的激情和快乐。

（2）占地面积小，不受场地限制。桌式足球台占地面积通常只需4平方米左右，移动方便，既适合在室内，也适合在室外，不受场地限制，能在学校、社区、俱乐部、公园等多种场所开展，便于普及。

（3）易上手。桌式足球的规则、动作简单明了，入门容易。

（4）安全性高。桌式足球没有直接身体接触和对抗，没有剧烈运动，安全可靠。

（5）趣味性强。桌式足球比赛节奏较快，竞技性和挑战性较高，能让参与者充分享受其中乐趣。

（6）观赏性好。桌式足球比赛往往具有高度的竞争性和刺激性，双方球队的每一次进攻和防守都充满了变数和紧张感，极具观赏性，能够让观众沉浸其中，享受比赛带来的快乐。

（7）男女老少皆宜。桌式足球对参与者的身体素质要求不高，无论男女老少，都可参与其中并享受乐趣。

桌式足球的益处

益体 攻防转换迅速，对抗精彩激烈，能充分锻炼身体；老年人经常打桌式足球，可预防脑中风、老年痴呆、骨质疏松等疾病。

益智 在比赛或游戏过程中，需要手、眼、脑的紧密配合，使大脑快速进入亢奋状态，促进大脑神经细胞活动，均衡开发左右脑功能，提升思维能力，被誉为"脑部桑拿"，对青少年具有良好的益智功能。

益眼 人的眼睛随着球的远近、左右调节和运动，可提高视力、预防近视。

益心 提升专注力、记忆力，减少青少年对手机的依赖，有助于缓解当下普遍出现的中小学生沉迷手机游戏的社会难题，促进社交互动，舒缓压力。

益性 培养耐心、毅力、竞争意识、抗压能力、团队意识和拼搏精神等，锻造积极进取的性格。

第二节 桌式足球起源与发展

桌式足球的起源

桌式足球起源于19世纪末的欧洲，至于确切的起源时间和地点，已很难考证。大多数桌式足球历史研究者认为，世界上第一张类似桌式足球的设备出现在19世纪末的德国或法国，也有人对此表示怀疑，但没有人能提供确切的证据说明桌式足球最早出现在何时何地。

虽然早在19世纪90年代桌式足球运动就有记载，但真正有据可查的世界上第一个桌式足球的专利却是在1922年（英国专利号205991，1922年10月14日），当时英国的哈罗德·瑟尔斯·桑顿为该游戏申请了专利，专利名称为"桌上足球游戏设备"。据说桑顿是一个狂热的足球爱好者，每次看球赛都因自己不能亲自上场踢球而感到遗憾，他发明桌式足球的灵感来源于一个火柴盒。后来，桑顿的叔叔看到他的发明后很感兴趣，于是将他的发明带到了美国，加以改进后又在美国申请了专利（美国专利号1615491）。

比利时杂志 *Le Soir illustré* 称，法国发明家吕西安·罗森加特在20世纪30年代发明了桌上足球，当时他想在寒冷的冬季为孙子孙女找点娱乐活动。他把这种游戏称为"baby foot"，而不是"foosball"。

1937年西班牙内战期间，加利西亚发明家亚历杭德罗·菲尼斯特雷在马德里为他的桌上足球（futbolín）申请了专利。他的版本就是现代桌式足球所使用的版本。

桌式足球在世界

经过100多年的发展，桌式足球早已成为一项风靡欧美的全民健身运动，其中，尤以法国为盛。

由于法国地处西欧中心，经济发达，加上桌式足球在法国受欢迎和普及程度最高，因此，20世纪60年代，桌式足球以法国为中心，迅速在欧洲发展起来。法国桌式足球协会（AFBF）在全国30个大城市设有桌式足球分会，共有32家桌式足球俱乐部，由这32家桌式足球俱乐部轮流于每月底组织"欧洲杯"循环选拔赛，年终决出总冠军。法国从每年3月份开始，每月都有一次桌式足球市区联赛，从7岁的小孩到70岁的老人均可参加，参加者自由组合，或父母带着孩子，或爷俩组队，或朋友结伴参加，精彩热闹，成了周末快乐的社区健身活动。

与此同时，德国、比利时、意大利等欧洲国家的桌式足球爱好者也自发地成立了桌式足球推广组织和俱乐部。尤其是德国著名的P4P桌式足球组织，在短短的几年中举办了多场有影响力的桌式足球赛事，会员总数占整个欧洲的五分之一还多，很多桌式足球高手都在世界大赛中取得了优异的成绩，并涌现出如穆勒、奥克太等著名的桌式足球高手。

据统计，欧洲拥有一大批桌式足球专业选手，他们每天要花6—10小时练习桌式足球。欧洲每年有30多个国家和地区举行不同主题的桌式足球联赛，累计总奖金高达2000多万元人民币。

与欧洲相比，美国的桌式足球运动发展同样迅猛，每年举行的公开赛就有十来个。赛事分儿童组、青年组、老年组3个组别进行，3个组别的地区总冠军再参加全国比赛，全国年终总决赛冠军的奖金高达数十万美元。美国桌式足球联盟（AFA）是美国桌式足球界的权威机构，负责桌式足球运动的普及推广，组织桌式足球比赛等各种主题活动。

国际奥委会原主席萨马兰奇一生热爱桌式足球，并积极推动这项运动进入奥运会

桌式足球在中国

桌式足球进入我国最早可追溯到20世纪60年代,当时留学苏联的学者在那里接触到桌式足球,并带回国内,在一些大城市的少年宫、福利院等场所小范围流行。

但受时代限制,桌式足球并没有在中国大范围推广,主要是一些出国的学者和驻中国大使馆的外国人在玩。直到20世纪90年代,从欧美留学归来的王勇在深圳开了一家本垒酒

宋庆龄在少年宫观看孩子们玩桌式足球

吧,引进了桌式足球,使酒吧人气大增,并影响到广州,在几年的时间里,广州有数十家酒吧纷纷引进桌式足球。2002年,广州率先举办了声势浩大的桌式足球邀请赛——广州国际桌式足球邀请赛。从此,桌式足球这项新兴、时尚的运动开始进入中国人的视野。

2006年,国家体育总局正式把桌式足球纳入管理项目,桌式足球开始在我国迅速发展,各大中城市相继成立了桌式足球协会和桌式足球俱乐部;2015年成立了第一个市级协会——广州市桌式足球协会,2019年成立了第一个省级协会——江西省桌式足球协会。全国桌式足球公开赛、大奖赛、锦标赛等赛事先后在多地成功举办。2022年桌式足球被纳入江西省第十六届运动会比赛项目,在全国首开先河;在2019年第十届西班牙穆尔西亚桌式足球世界杯上,中国队共获一银三铜,实现了世界杯奖牌零的突破。2011年,国家体育总局成立了全国桌式足球推广委员会,大力推动桌式足球进校园,现有深圳西丽小学、兰州万里小学、张家港福前小学、九江学院、萍乡学院等500多所学校将桌式足球纳入体育课程,风靡之势已然形成。

第三节 桌式足球组织与赛事

国际桌式足球联合会（International Table Soccer Federation，英文缩写ITSF）是国际桌式足球的最高管理机构，是一个非营利性组织。它于2002年5月9日在法国南特成立，致力于桌式足球运动的全球推广与普及，指导世界各国开展桌式足球运动，并积极地推动桌式足球成为国际奥委会官方承认的体育运动。截至2024年，已有80多个成员组织，其中包括法国、中国、德国、英国、美国、比利时、意大利、波兰、瑞士、丹麦、加拿大、荷兰、西班牙、卢森堡等。

国际桌式足球联合会执行委员会是日常工作的领导机构，由1名主席、1名副主席、1名秘书长、1名财务主管、6名委员共10人组成。

国际桌式足球联合会下设15个专门委员会：体育委员会、赛事评估委员会、行政委员会、技术委员会、妇女事务委员会、禁用委员会、联邦评估委员会、数据处理委员会、教育委员会、裁判委员会、规则委员会、纪律委员会、上诉委员会、奖项委员会、青年委员会。

全国桌式足球推广委员会是遵照国家体育总局的要求，在国家体育总局社会体育指导中心领导下成立的全国性推广机构。主要职责是在全国范围内推广和发展桌式足球运动，团结和组织全国桌式足球运动爱好者与工作者，促进桌式足球运动技术水平和理论水平的提高，为建设体育强国和推动全民健身服务。

全国桌式足球推广委员会由1名主任、4名副主任、1名秘书长、若干名委员组成，设立了6个下属机构，分别为秘书处、裁判委员会、教练委员会、器材委员会、竞赛委员会、市场推广与宣传委员会。秘书处负责政策性文件的研究与传达，下属机构之间的协调管理，对外交流及日常行政工作；其他各下属机构则负责相对应的工作。

国际赛事

桌式足球世界杯（ITSF World Cup），是由国际桌式足球联合会统一管理和组织的世界性的桌式足球比赛。一般每两年举办一次，它是世界上规模最大、影响最广、水平最高的桌式足球比赛。2022年第十一届桌式足球世界杯在法国南特举办，2025年第十二届桌式足球世界杯将在西班牙萨拉戈萨举办。目前，中国正在申办2027年第十三届桌式足球世界杯。

除桌式足球世界杯外，国际桌式足球联合会每年还举办多起世界系列赛以及ITSF 250 WT、ITSF 500 WT、ITSF 750 WT等不同等级的积分赛。影响力较大的其他国际赛事还有欧洲冠军联赛、伦敦大师赛、美国名人堂经典赛、中国公开赛、德国公开赛等。

国内赛事

2023年全国桌式足球锦标赛在江西九江成功举办

目前国内赛事中级别最高的是全国桌式足球锦标赛，2019年及2023年在江西九江举办，其中2023年举办的第二届全国桌式足球锦标赛是迄今为止规模最大、参赛人数最多、水平最高的一次国内赛事。其他国家级赛事还有中国公开赛、中国大师赛、全国大奖赛等。

除国家级赛事外，还有省级赛事，如江西省从2022年第十六届运动会开始将桌式足球纳入正式比赛项目。各地方的比赛有杭州公开赛、上海公开赛、深圳公开赛、九江市青少年锦标赛、蚌埠市青少年锦标赛等。

2017年中国桌式足球大师赛

2018年中国桌式足球公开赛暨全国青少年桌式足球赛

2022年安徽蚌埠全市中小学生体育联赛

第二章
桌式足球器材及保养

第一节 桌式足球器材介绍
第二节 桌式足球器材保养

第一节 桌式足球器材介绍

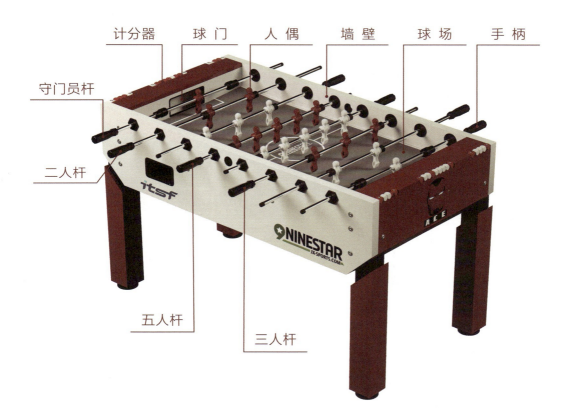

目前世界上的桌式足球台种类有很多,甚至在欧洲就有各种不同类型的球台,本节只介绍我国常见的比赛型球台。从上图可见,桌式足球台由上、下两部分构成。上半部分类似长方体的为台身,由两块长边板、两块短边板加一块底板组合而成,底板上要印有按真实足球场地以一定比例缩小的足球场地图案。下半部分是支撑球台的桌腿,要有可调节水平的脚盘。

球台的分类　通杆球台

通杆球台即球杆为一支整体的杆子，使用时两端都会超出球台外侧边板。

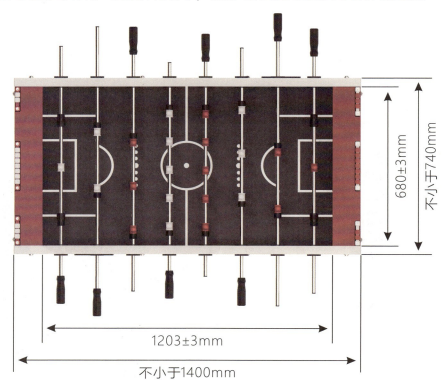

主要技术参数

- **整体性能：** 球台整体稳定、台面平整。球杆与人偶、培林的配合能保证打球者在操作中做拉射、握提、蛇形、传球、控球等基本动作。
- **球场：** 桌式足球台的球场有两种类型：单人守门球场（两边球门均只有一个人偶守门的球场）和三人守门球场（两边球门均有三个人偶守门的球场）。

  单人守门球场：表面无坑洼现象、有一定的摩擦力，四边角翘起12mm(误差不超过±1mm)，球场两长边上翘1mm(误差不超过±0.5mm)。球场表面材料要求耐磨(例：防火板)，印刷球场线采用胶印技术，球场线清晰、周正，无凸起现象。

  三人守门球场的要求与单人守门球场基本一致，唯一的区别就是，单人守门球场的四边角翘起12mm(误差不超过±1mm)，而三人守门球场的四边角无翘起。

- **人偶**：人偶材质为ABS或HIPS，配重须保持平衡、整体无裂纹，脚的前后斜面应具备一定摩擦力；人偶脚面宽22—25mm、人偶脚底面与球场面最小距离为6mm（误差不超过±1mm）；两人偶之间最小距离为2—4mm。

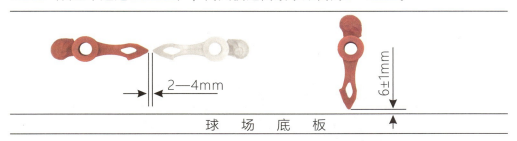

- **球**：实心复合环保材料、耐磨有弹性，无接合缝。外径为35.5mm（误差不超过±0.2mm），重量27g（误差不超过±1g）。
- **缓冲器**：环保硅胶材质、高弹性，紧固在球杆上。
- **培林**：球杆外径与培林内径的间隙不超过0.3mm。
- **球门**：宽200mm（误差不超过±1mm）、高78mm（误差不超过±1mm）。球门内安装卸力导向板，确保进球有清脆响声，并有防止球弹出功能。
- **球杆**：无缝钢管，表面光滑，能通过72小时盐雾测试（确保使用3年不生锈）。球杆外径为15.8mm（误差不超过±0.05mm），整体直线度要求不超过0.2mm，固定人偶的圆孔须在同一直线上；人偶与球杆配合采用过盈配合，过盈量为0.10—0.15mm，确保人偶不松动。
- **球杆强度承重要求**：球杆右端承受65kg外力，持续5秒松开后，球杆回到原始状态（即不变形）。

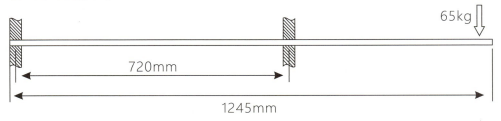

- **手柄**：环保塑胶或实木，表面有防滑纹理，外形尺寸32—35mm。
- **台身材质**：E1级及以上等级的中/高级密度纤维板、实木多层板或实木。
- **球台净重**：不低于80kg。

球台的分类 | 伸缩杆球台

伸缩杆球台即球杆由内外两层构成，使用时只有手柄一端会超出球台外侧边板。

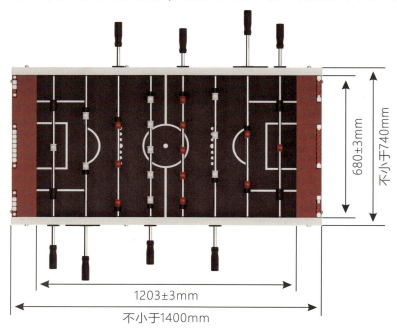

主要技术参数

- **球杆**：伸缩杆外管为无缝钢管、内芯为实心圆钢。外管及内芯表面光滑，能通过48小时盐雾测试（确保2年不生锈）。球杆外径为18mm（误差不超过±0.05mm），整体直线度要求不超过0.15mm；球杆内芯外径12mm（误差不超过±0.05mm），整体直线度要求不超过0.15mm；内芯与外管配合间隙0.25mm（误差不超过±0.05mm）；浇铸工艺固定人偶，同一支球杆上人偶的带球面在同一平面上（误差不超过±1mm）。

- **球杆强度承重要求**：球杆承受35kg外力，持续5秒松开后，球杆回到原始状态（即不变形）。

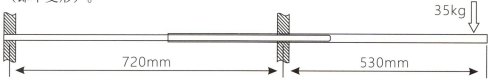

- **球台净重**：不低于65kg。
- **其他参数同通杆球台。**

辅助物品

手胶：也称吸汗带，是桌式足球训练和比赛的必备配件。除了防滑、吸汗等功能，手胶可以让选手在打球时有更舒适的握感，提升对手柄的控制力，助力发挥球技。

润滑油：常用润滑油有喷雾和液体两种。润滑油主要是用于球杆与培林之间缝隙，可以让球杆推拉更顺畅，也有防锈的作用。

手套：可以改善握把效果，常用握提、拉射的选手常在右手上戴上手套击球。

第二节 桌式足球器材保养

（1）任何水、潮湿、高温、冰冻等环境都可能会造成球台损坏，应避免阳光长时间直接照射和暴晒以及电气的烘烤，高温物品不能直接放置在球台上。

（2）避免在台面上坐卧或放置重物、尖锐物品，更不可用硬物敲击球台。

（3）避免接触化学品和注意防虫。

（4）尽量将球台放置在整洁水平的地面，使用前调节好球台的水平度和稳定性。

（5）经常除尘，球台上的浮灰，可以用软棉布擦拭清理；附着在球台上的污迹，要用拧干水分的湿棉布轻轻擦拭，不可水洗，更不准使用任何的清洁剂进行清洁，湿棉布擦完后切忌长时间放在球台上。

（6）移动球台一定要两个或两个以上成年人轻抬、轻放，不可在地面上拖动和任意翻动，否则可能损坏球台。

（7）定期擦拭球杆，并涂抹专用润滑油，定期检查球台上的螺丝和螺母，如有松动用相应工具紧固。

（8）及时更换已损坏或磨损的零部件，继续使用有可能会造成使用者受伤。

（9）保存好球、润滑油和其他小零件，远离儿童可以触碰到的地方。

（10）使用时，掌握好正确的姿势和距离，小心推拉球杆，以免误伤他人及被对方误伤；儿童需在大人的监管下练习；切勿暴力使用球台，观看者不宜距离过近，以免被误伤。

第三章
桌式足球技术

第一节 基本技术
第二节 三人杆技术
第三节 五人杆技术
第四节 二人杆技术

桌式足球是一项极富竞技性和趣味性的体育运动，要在比赛中得心应手、运用自如地发挥技术与战术，必须熟练地掌握全面的基本技术。而练好桌式足球的基本技术是成为一名优秀选手的必经之路。本章将从基本技术、三人杆技术、五人杆技术、二人杆技术等多个角度讲解各种动作要领及练习方式，以及如何通过基本技术训练提升自己的技术水平。

第一节 基本技术

本节将详细介绍站姿、发力、控球、射门等基本技术，正确掌握这些基本技术并反复加以训练，可以提高自己在比赛中的竞技水平。同时，持之以恒的训练态度加上合理利用训练时间以及与其他选手的学习交流，都将对基本技术的训练起到积极的促进作用。最重要的是，需要系统、科学且持久地进行练习，才能不断提高自己的技术水平。

基本站姿　闭合式站姿　　　　　动作分解

　　闭合式站姿是指选手身体与球台呈平行状，通常在做防守、传球、左手发力等技术动作时所呈现的身体姿势。

双脚自然打开，与肩同宽，身体正对球台，身体重心在两脚之间；

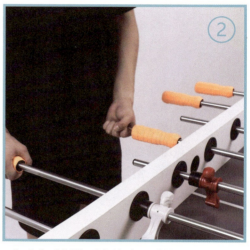

左手将手柄推到离墙壁最近处，身体到手柄尾端最少一拳距离；

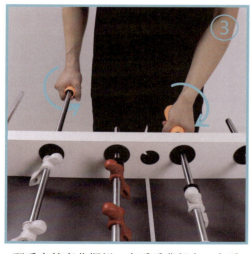

双手自然弯曲握杆，右手手背朝右，左手手背朝左；

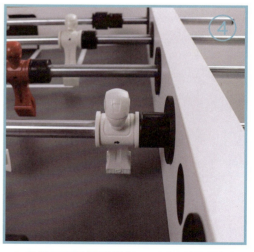

左手将手柄推至墙壁时，五人杆最远端人偶也紧贴墙壁。

小提示： 由于选手的身体条件和技术特点存在一定差异，因此在保证基本站姿符合大体要求的情况下，可以进行个性化微调，以满足选手技战术的充分发挥。

基本站姿　开放式站姿　　　　　　　　动作分解

　　开放式站姿是指选手身体与球台呈45°夹角状，通常在做拉射、右手扭腕式发力等技术动作时所呈现的身体姿势。

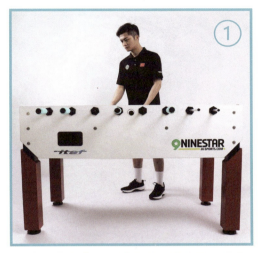

双脚自然打开，与肩同宽，身体重心在两脚之间；

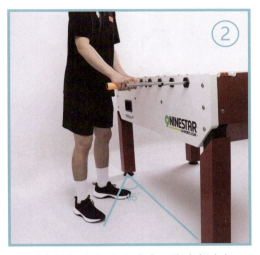

选手身体与球台呈45°夹角，脚尖朝向与身体保持一致；

身体面向对方球门；

双手自然弯曲握杆，左手手背朝左，右手手背朝上平行于桌面。

小提示： 在实战中，站姿不是一成不变的，选手要随时根据将要进行的技术动作，不断调整自己的站姿，让动作更流畅。

基本发力　右手扭腕式发力

　　右手扭腕式发力是指右手通过手腕向下扭动，同时带动球杆进行发力的击球动作。通常在三人杆、二人杆进攻时使用。

开放式站姿准备好，手臂与手腕放松，肘部为半屈伸状态，球紧贴击球人偶脚侧面，并稍微靠后；

右手向前倾斜45°左右（提腕），同时控制击球人偶绕到球的正后方；

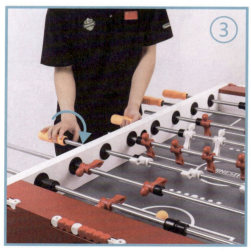

肘关节向下，同时带动手腕向下发力，旋转手柄，迅速将球击出；

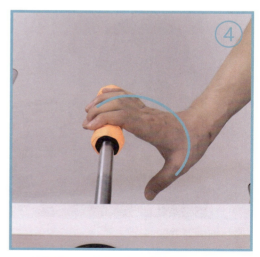

发力压腕后，大拇指松开手柄，其余4指扣住手柄，手呈C形。

基本发力　左手扭腕式发力

　　左手扭腕式发力是指左手通过手腕向下扭动，同时带动球杆进行发力的击球动作。通常在五人杆传球或射门时使用。

闭合式站姿准备好，手臂与手腕放松，肘部为半屈伸状态，球紧贴击球人偶脚侧面，并稍微靠后；

左手手腕外旋，同时控制击球人偶绕到球的正后方；

左手手腕内旋发力，迅速将球击出；

击球结束后，肘关节向下，手背朝下。

基本发力　右手开合式发力

　　右手开合式发力是指右手通过手掌的开合，来控制手柄旋转发力的击球动作。通常在三人杆、二人杆射门时使用。

闭合式站姿准备好，右手虎口朝前，握在手柄前半部分上；

右手手掌控制手柄进行顺时针旋转，人偶绕到球的正后方；

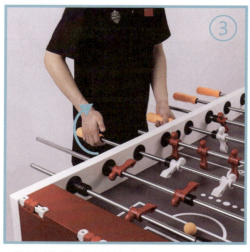

控制手柄逆时针旋转（提杆）击打球；

击打球后4根手指向上托住手柄，结束后控制住球杆。

小提示： 击球前，击球人偶的脚向后摆的角度要低；
　　　　　击球后，击球人偶的脚向前摆的角度要高。

基本发力 左手开合式发力

左手开合式发力是指左手通过手掌的开合,来控制手柄旋转发力的击球动作。通常在五人杆射门时使用。

闭合式站姿准备好,将球紧贴击球人偶脚的侧面;

左手手掌张开四根手指扣住手柄,使击球人偶绕到球的正后方;

手腕顺时针下压加力,握杆击打球,击球人偶后摆低,前摆高;

击球结束后,肘关节向下,发力后手背朝下。

小提示: 左手开合式发力的结束动作与左手扭腕式发力的结束动作相似,只有发力前起始动作不同。发力后,左手手背均朝下。

控球技术　运球（滴答运球）

运球是指利用人偶脚的侧面，通过推、拉带动球杆来横向移动球的动作。在这个过程中球与人偶撞击发出类似水滴的"滴答"声，所以被人们称为滴答运球。它是所有选手必须掌握的基本功之一，也是进行其他动作的先决条件。

基本姿势准备好，球紧贴持球人偶脚侧面；

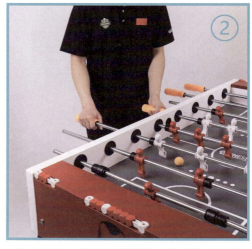

推动手柄，持球人偶脚侧面将球推至接球人偶脚侧面；

拉动手柄，接球人偶脚侧面将球拉至持球人偶脚侧面；

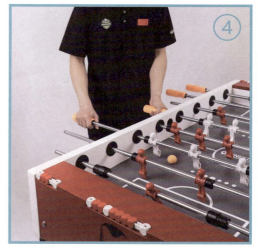

利用人偶脚击打球的力度与球回弹的惯性，让球在人偶之间不停地移动。

小提示： 同一人偶可同时作为持球人偶与接球人偶。人偶脚侧面击打球的位置、力度决定着球的运动线路以及速度，通过推拉的力量和人偶脚倾斜角度的调整来提高对球的掌控能力。

控球技术　缓冲停球

缓冲停球是指通过推拉球杆，利用人偶脚的侧面，将运行中的球有目的地停在所需位置的运球方式。良好的缓冲停球技术能够创造更多的进攻机会，提升进攻的质量。在实战中缓冲停球是进行拉射或推射的前提条件。

基本姿势准备好，球紧贴持球人偶脚侧面；

推动球杆，球贴着持球人偶脚向远端移动；

接球人偶在接球瞬间，同时向球的运动方向移动；

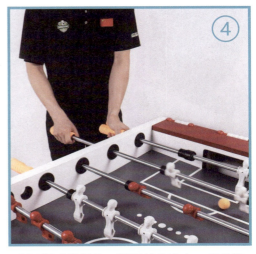

利用缓冲的惯性，削弱球的冲力，将球停在所需的位置上。

小提示： 初学者刚接触时不好控制推球力度，可采取简化动作"撞—停—退"。撞：持球人偶击打球；停：接球人偶等球靠近；退：接球人偶在接球瞬间，同时向球的运动方向移动。

控球技术　调球

调球是指利用人偶脚不同侧面或棱角触碰球的不同部位，改变球的运行路线，以便进行下一步动作。

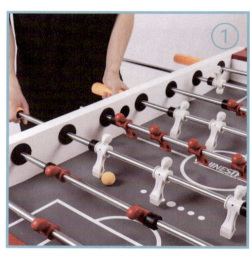

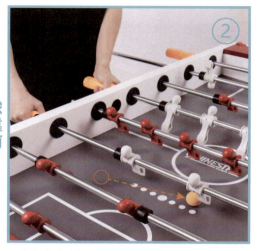

球靠前

利用击球人偶后脚击打球的侧上方，球向后运动；

球移动到合适位置时，利用接球人偶轻触球使球停下。

球靠后

利用击球人偶前脚击打球的侧下方，球向前运动；

球移动到合适位置时，利用接球人偶轻触球使球停下。

小提示： 控球时要注意人偶形状，人偶脚是呈立体的菱形形状，分为正面、背面、左侧、右侧以及4个棱角。

控球技术　踩球

踩球是指利用人偶脚的正面或背面,通过下压的方式控制球,并进行横向移动或前后移动。

斜踩

人偶脚正面触球,推(拉)手柄,利用摩擦力使球斜线滚动;

接球人偶脚背面下压,踩住球。

平踩

人偶脚背面触球,推(拉)手柄,利用摩擦力使球横向滚动;

接球人偶脚背面下压,踩住球。

小提示: 踩球可衔接进攻技术。如果球即将离开可控范围,也可先将球踩住,然后进行调球或运球。在控球技术内,人偶脚的不同面或棱角接触到球,会改变球的运动轨迹。运球时要提前对球的路线进行预判。

基本射门　一推一射

一推一射是指利用持球人偶将球推到击球人偶处,然后将球击出的射门动作。三人杆、五人杆、二人杆均可使用一推一射。

基本姿势准备好,将球放置持球人偶处;

持球人偶将球推出,同时顺时针转动手柄,将击球人偶绕到球的正后方;

采用开合式发力,击球人偶将球击出;

击打球后4根手指向上托住手柄。

示意图

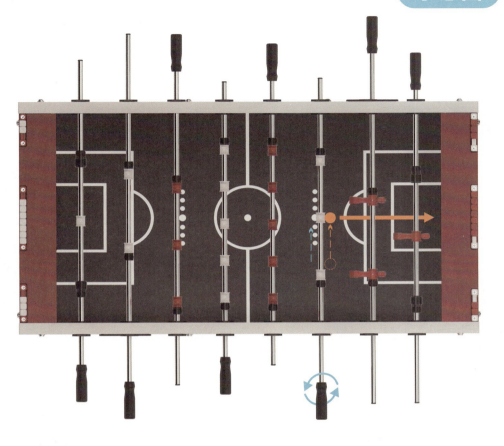

→ 球的进攻路线　　○→ 球的运动路线　　→□ 人偶的运动位置　　↻ 手柄的旋转方向

动作要领　推动球杆，利用远离身体的三人杆人偶轻推球。三人杆中间人偶适当移动到中心点位等待球的到来，当球靠近击球人偶时，右手顺时针旋转球杆，击球人偶绕到球的正后方，利用扭腕式发力动作将球射入对方球门。一推一射也可以采用开合式发力。

小提示　在练习前，可将对方二人杆及守门员放平，方便初学者更容易射门。
在练习的过程中要掌握好击球时机。

基本射门　一拉一射

一拉一射是指利用持球人偶将球拉到击球人偶处，然后将球击出的射门动作。三人杆、五人杆、二人杆均可使用一拉一射。

基本姿势准备好，将球放置持球人偶处；

持球人偶将球拉动，当球靠近击球人偶时顺时针转动手柄，同时击球人偶移至球的正后方；

采用扭腕式发力，击球人偶将球击出；

将球击出后，4指扣住手柄。

示意图

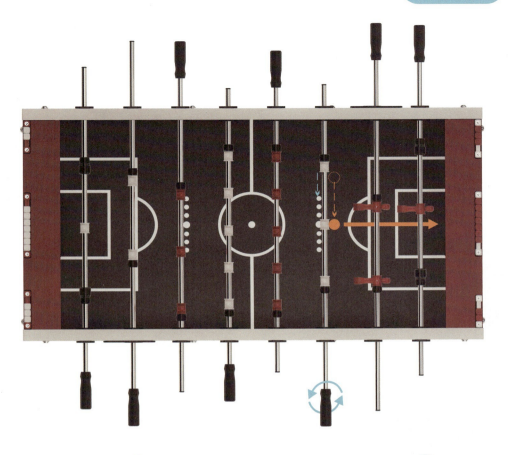

➡️ 球的进攻路线　　◯➔ 球的运动路线　　➔▯ 人偶的运动位置　　🔄 手柄的旋转方向

动作要领　拉动球杆，利用远离身体的三人杆人偶轻拉球。三人杆中间人偶适当移动到中心点位等待球的到来，当球靠近击球人偶时，右手顺时针旋转球杆，击球人偶绕到球的正后方，利用扭腕式发力动作将球射入对方球门。一拉一射也可以采用开合式发力。

小提示　在练习前，可将对方二人杆及守门员放平，方便初学者更容易射门。
在练习的过程中要掌握好击球时机。

基本射门 　推拉推射

　　推拉推射是指在一推一射（一拉一射）的基础上，运球两次或两次以上后，将球运至击球人偶处，然后将球击出的射门动作。三人杆、五人杆、二人杆均可使用推拉推射。

基本姿势准备好，将球放置持球人偶处；

推拉手柄，持球人偶与接球人偶相互运球（滴答运球两次及以上）；

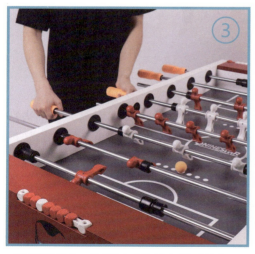

运球两次后，将球运至击球人偶正前方；

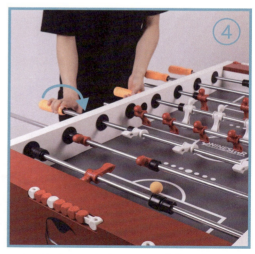

采用扭腕式发力击球后，4指扣住手柄。

示意图

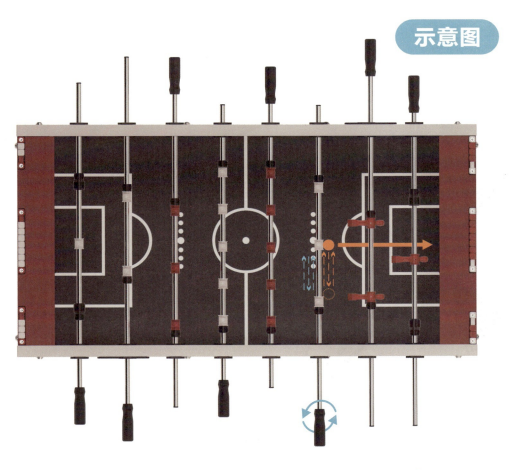

→ 球的进攻路线　○→ 球的运动路线　→ 人偶的运动位置　↻ 手柄的旋转方向

动作要领　利用靠近身体的三人杆人偶轻推球。三人杆中间人偶适当移动到中心点位等待球的到来，当球滚动至中心点位时，拉动球杆将球再次拉回起始位置。当球回到起始位置时，再次轻推球杆，将球再次推出。当球再次来到中心点位时，右手逆时针利用开合式发力动作将球射入对方球门。推拉推射也可以采用扭腕式发力。

小提示　在练习前，可将对方二人杆及守门员放平，方便初学者更容易射门。
在练习此动作前，应熟练掌握滴答运球的技能。推拉推射不仅仅局限于相邻人偶之间相互运球，也可以在相间人偶之间运用，如五人杆最近端或最远端人偶与最中间人偶进行推拉推射。
在练习的过程中要掌握好击球时机。

第二节 三人杆技术

三人杆是桌式足球中最主要的进攻得分位置，射门是三人杆必须具备且最重要的技能。选手不仅需要具备良好的控球技术、射门能力、敏锐的判断力，还要有强烈的射门欲望和熟练的射门技巧，以便在比赛中抓住得分机会，不断地为球队获得进球。三人杆射门包括拉射、推射、蛇形射门、握提射门等多种射门方式。

本节将详细介绍以上4种常见射门方式。

本节及后文所有提到的上点、下点或上刷、下刷等词均为约定俗成的专业技术用语，其中离选手远的方向为上，离选手近的方向为下，并非以球场水平面来定义上、下。

三人杆技术　蛇形原地射门

　　蛇形射门是指通过手腕靠压手柄，推拉并旋转球杆来进行射门的动作，手腕形似蛇一样盘踞在球杆上，因此被称为蛇形。这种射门通常在球门区中间位置开始，便于上点、中点、下点射门。原地射门即球没有上下移动，从所停位置直接击出。

闭合式站姿准备好，身体微微弯曲，中间人偶将球前压在球门区中间位置；

右手手腕内侧靠在手柄右侧，前臂垂直于球杆，手掌自然垂直向下；

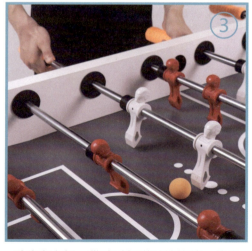

手腕向上提，带动手柄逆时针旋转，使击球人偶转至球的正后方；

迅速提杆击球，击球后4根手指向上托住手柄。

小提示： 原地或移动提杆击打球要连贯，结束击打动作控制住球杆，避免动作幅度过大影响动作整体的流畅性。注意手臂及握杆要放松，提杆击球后球杆不可脱手。

三人杆技术　蛇形移动射门

　　蛇形移动射门是指选手在蛇形原地射门的基础上，通过手腕晃动带动球杆进行上下移动，同时带动球在人偶脚下移动，使其能够进行多个位置射门。

闭合式站姿准备好，身体微微弯曲，中间人偶将球前压在球门区中间位置；

右手手腕推（拉）球杆，踩球人偶同时做推（拉）球动作；

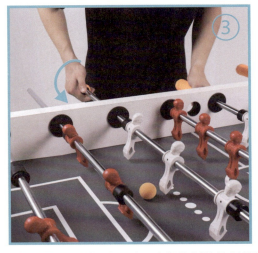

球杆在推（拉）球同时，人偶脚顺势抬起并逆时针旋转至球的前进方向目标点位；

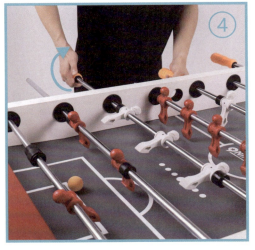

球到人偶脚下时迅速提杆击球射门，击球后4根手指向上托住手柄。

小提示：保持正确的闭合式站姿，右手手腕自然靠压球杆，身体略微前倾，重心下降。手腕的位置可根据选手的身体条件进行个性化微调。

三人杆技术　　握提原地射门

握提是指用人偶前压球后，运用开合式发力将球击打进对方球门的动作。这种射门通常也是在球门区中间位置开始，便于上点、中点、下点射门。

闭合式站姿准备好，右手以开合式发力握杆（大拇指自然放松地侧放在手柄上），中间人偶将球前压在球门区中间位置；

轻推球杆，击球人偶从球的正上方离开；

击球人偶从球的正上方绕到球的正后方；

迅速提杆击球，击球后4根手指向上托住手柄。

小提示：开合式发力时，手掌打开不宜过多，避免球杆触碰到手腕位置，使击球人偶后摆抬脚过高，导致击球人偶与球错过平行位置而击不到球，发力时动作要连贯且完整。

三人杆技术　　握提移动射门

选手在握提原地发力的基础上通过开合式发力握杆，并带动球在人偶脚下横向移动，使其能够进行多个位置射门。

右手握杆推（拉）球杆，击球人偶同时做推（拉）球动作；

球杆在推（拉）球同时，击球人偶脚顺势抬起并行至球前进方向的目标点位；

球到击球人偶脚下时迅速提杆击球射门；

击球后4根手指向上托住手柄。

小提示： 移动球时，击球人偶与球需要几乎同步移动，击打上点时击球人偶顺时针移动到球的正后方，击打下点时击球人偶逆时针移动到球的正后方，晃动或者移动球的过程中手臂及手掌要放松。

三人杆技术　拉射

　　拉射是手臂拉动球杆，同时人偶带动球，从远端到近端快速移动过程中突然进行扭腕式发力的射门动作。通常这种射门需要球停在最远端位置（球门区左侧）开始，便于拉射过程中有更大的空间可以选择射门，同时有更多的时间进行蓄力，让击球的瞬间释放出更大的爆发力。

开放式站姿准备好，球紧贴击球人偶脚右侧；

拉动球杆，击球人偶带动球从远端到近端横向移动，同时将人偶脚绕到球正后方；

移动至目标点位时进行扭腕式发力将球击出，完成射门；

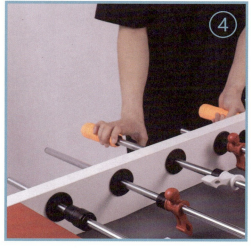

击球后4根手指向下扣住手柄。

示意图

➡️ 球的进攻路线　　⭕→ 球的运动路线　　-▸[] 人偶的运动位置　　🔄 手柄的旋转方向

动作要领　轻拉球杆，保持球紧跟持球人偶脚一起移动。注意持球人偶与射门人偶为同一人偶。

小提示　在击球人偶带动球水平移动的过程中，球需要一直紧贴击球人偶直至射门动作产生。击球人偶带动球水平移动时，应注意击球人偶的脚略微后摆贴球。握杆时手腕放松，不可大幅度用力握杆，以免影响扭腕式发力的流畅性。拉射时应使球保持笔直射进球门，增加进球的成功率。

三人杆技术　推射

　　推射是手臂推动球杆，同时人偶带动球，从近端到远端快速移动过程中突然进行扭腕式发力的动作。这种射门通常球要停在最近端位置（球门区右侧）开始，推射在一定程度上与拉射是相近的，练习方式可以参考拉射。

开放式站姿准备好，球紧贴击球人偶脚左侧；

推动球杆，击球人偶带动球从近端到远端横向移动；

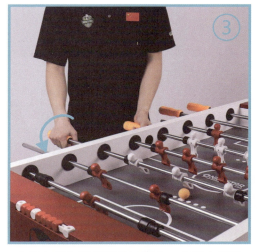

击球人偶在随球移动过程中，击球人偶脚绕到球正后方；

移动至目标点位时进行扭腕式发力将球击出，完成射门。

示意图

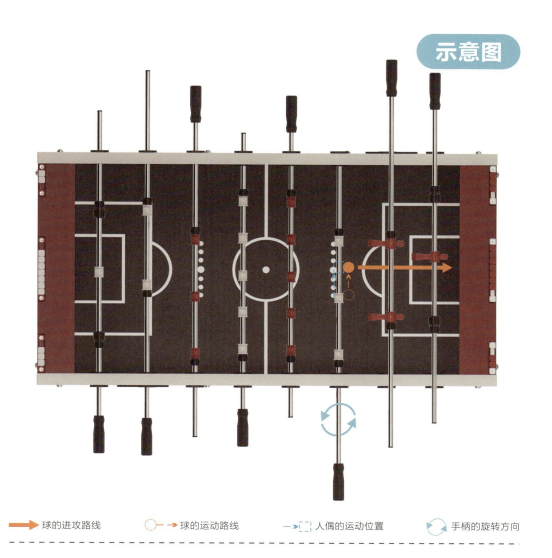

→ 球的进攻路线　　○→ 球的运动路线　　→[ ] 人偶的运动位置　　↻ 手柄的旋转方向

动作要领　轻推球杆，保持球紧跟持球人偶脚一起移动。注意持球人偶与射门人偶为同一人偶。

小提示　在击球人偶带动球水平移动的过程中，球需要一直紧贴击球人偶直至射门动作产生。击球人偶带动球水平移动时，应注意击球人偶的脚略微后摆贴球。握杆时手腕放松，不可大幅度用力握杆，以免影响扭腕式发力的流畅性。推射时应使球保持笔直射进球门，增加进球的成功率。

第三节 五人杆技术

　　五人杆在桌式足球中的攻防两端扮演着至关重要的角色，是团队战术的关键枢纽，对比赛的胜负有着重大影响。它的主要职责是连接球队的进攻和防守，需要为三人杆提供支持，同时还需要为二人杆提供保障，确保球队的后防线稳定。五人杆的技术和战术要求非常高，需要具备出色的控球、传球、拦截、射门等技术，同时还需要具备全局观念和良好的战术素养。

　　在桌式足球比赛中，选手水平的高低很大程度取决于五人杆的传球技术，一个具备优秀传球技术的选手，可以盘活整个球队，让球队的进攻更加流畅、防守更加稳固。本节将重点介绍五人杆的传球技术。五人杆传球主要分为两种类型，一类是直线传球，另一类是斜线传球。

　　直线传球通常是指选手以相对笔直的路线将球快速传给前场，包括靠墙传球和渗透性传球。这类传球方式的特点是传球线路直接、速度较快，但意图较明显。直线传球在比赛中应用广泛，比如快速反击、突破密集防守等。

　　斜线传球指的是相对直线传球，选手通过人偶脚面与球的摩擦力，将球沿着斜线的方向传出，这是一种常用且富有变化的传球方式。主要包括上（下）刷传球和撞墙上（下）刷传球，这类传球方式可以让接球人偶在接球时获得更多的空间，避开对方防守的直线盯防。此外，与直线传球等方式结合，增加了传球的多样性，使传球更具变化和不可预测性。

　　传球时，需要注意传球的力量、角度和时机，以确保接球人偶能够顺利地接到球并开展后续的进攻。

直线传球　靠墙传球

　　靠墙传球是指持球人偶横向拉动球至球台近端墙壁（靠近选手的这一边墙壁），使球紧贴墙壁后由最近端人偶将球传出，保证击出的球始终紧贴墙壁，最后由三人杆最近端人偶接住的一种由后向前推进的传球技术。

闭合式站姿准备好，将球放置持球人偶旁；

持球人偶水平横向带动球至球台近端墙壁；

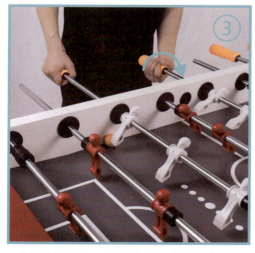

当球贴墙瞬间，最近端人偶贴墙将球水平传出；

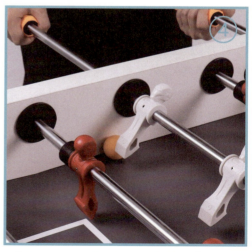

三人杆最近端人偶脚提前贴墙前摆45°，利用人偶与墙壁之间的空隙顺势接球。

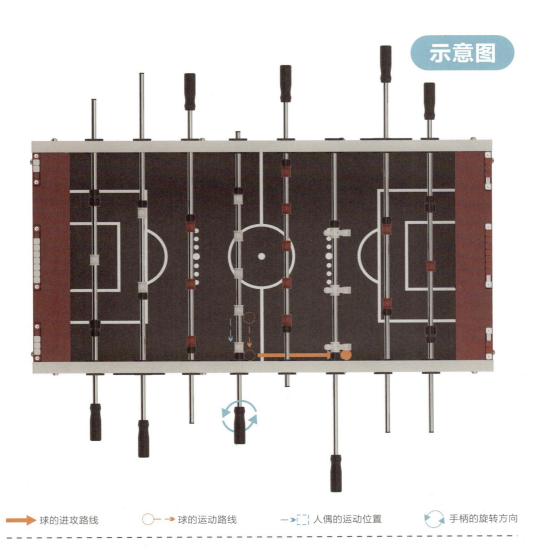

➡️ 球的进攻路线　　◯--▶ 球的运动路线　　--▶[ ] 人偶的运动位置　　🔄 手柄的旋转方向

动作要领 在靠墙传球时，右手握杆要放松并提前将接球人偶摆好。传球时发力要充分，保证球紧贴墙壁并水平传至接球人偶脚下。

小提示 靠墙传球也可在远端墙壁（靠近对手的那一边墙壁）进行。持球人偶水平横向推球至远端墙壁，使球紧贴墙壁后由最远端人偶将球传出，保证击出的球始终紧贴墙壁，最后由三人杆最远端人偶接住。

直线传球　　渗透性传球

　　渗透性传球是指持球人偶将球运至对方两个防守人偶之间的空隙,再由击球人偶从防守空隙直线向前传出,三人杆的接球人偶移至相应位置将球接住。

闭合式站姿准备好,将球放置持球人偶旁;

轻拉手柄,持球人偶水平横向带动球至对方两个防守人偶之间的空隙,同时,击球人偶绕到球的正后方;

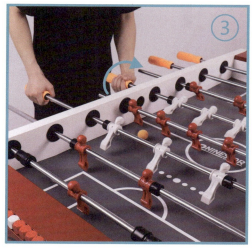

左手逆时针扭腕式发力,将球从对方两个防守人偶之间的空隙直线击出;

击球人偶击打球的同时,将接球人偶移至与击球人偶同一水平位置并前摆45°接球。

➡️ 球的进攻路线　　◯➡️ 球的运动路线　　➡️[_] 人偶的运动位置　　🔄 手柄的旋转方向

动作要领 　渗透性传球时，击球人偶与接球人偶应同时开始横向移动，在击球人偶触球的瞬间，接球人偶就要快速移到接球位置。且接球人偶脚前摆45°左右，握杆手要放松，防止因动作僵硬而影响接球效果。接球时需提前预判球的运动轨迹，提前将接球人偶移至接球点。

小提示 　击球人偶脚正面与球的接触面积以及左手发力等动作会影响球的运动轨迹。

斜线传球　上刷

上刷是指击球人偶绕到球的后方击打球，在击球的同时推动球杆朝远端水平移动，使球以斜向上的运动轨迹传出。

闭合式站姿准备好，将球放置持球人偶旁；

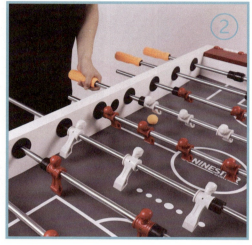

拉动球杆，持球人偶水平向上推（拉）动球，同时，击球人偶绕到球的侧后方；

左手逆时针扭腕式发力，将球从对方防守人偶之间的空隙斜线击出；

击球人偶击打球的同时，将接球人偶移至与击球人偶斜线位置前摆45°接球。

示意图

 球的进攻路线　　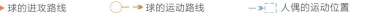 球的运动路线　　人偶的运动位置　　 手柄的旋转方向

动作要领　上刷与渗透性传球的动作要领相似。击球人偶与接球人偶应同时开始横向移动，在击球人偶触球的瞬间，接球人偶就要快速移到接球位置。且接球人偶脚前摆45°左右，握杆的手要放松，防止因动作僵硬，影响接球效果。接球时需提前预判球的运动轨迹，提前将接球人偶移至接球点。

小提示　击球人偶脚侧面与球的接触面积以及左手发力等动作会影响球的运动轨迹。

斜线传球　下刷

　　下刷是指击球人偶绕到球的后方击打球,在击球的同时推动球杆朝近端水平移动,使球以斜向下的运动轨迹传出。

① 闭合式站姿准备好,将球放置持球人偶旁;

② 轻拉手柄,持球人偶水平横向带动球至对方两个人偶之间的空隙,同时击球人偶绕到球的侧后方;

③ 左手逆时针扭腕式发力,并向内轻拉球杆,将球从对方防守人偶之间的空隙斜线击出;

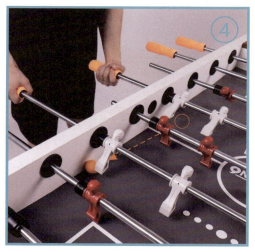

④ 击球人偶击打球的同时,将接球人偶移至与击球人偶同一水平位置前摆45°接球。

示意图

→ 球的进攻路线   ○→ 球的运动路线   →▫ 人偶的运动位置   ↻ 手柄的旋转方向

动作要领 进行上刷或下刷时,击球人偶击打球时球杆移动的角度会影响球的运动轨迹。在练习上刷和下刷之前,可提前练习用击球人偶不同脚部位击球,观察球的运动角度。

小提示 注意击球人偶脚侧面与球的接触面积以及左手发力等动作会影响球的运动轨迹。在刷球时,运球速度不宜过快,球速过快时进行刷球不易达到斜传效果,接球人偶应提前判断球的角度与轨迹,人偶脚前摆45°左右准备接球。

斜线传球　撞墙上刷

撞墙上刷是指当球撞墙壁反弹后再进行发力传球的动作,在发力的同时推动球杆朝远端水平移动,使球以斜向上的运动轨迹传出。

闭合式站姿准备好,将球放置持球人偶旁;

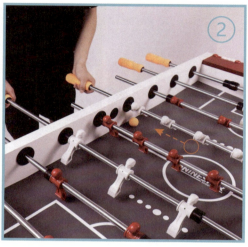

拉动球杆,持球人偶水平向上推(拉)动球,使球与墙壁相撞;

球沿水平方向反弹,同时持球人偶绕到球的正后方,顺着球的运动方向,将球击出;

提前判断球的运动轨迹,接球人偶脚前摆45°移至接球点接球。

示意图

 球的进攻路线　　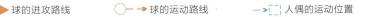 球的运动路线　　人偶的运动位置　　 手柄的旋转方向

 动作要领　撞墙上刷在发力的同时推动球杆朝远端水平移动。注意观察球撞墙反弹后的速度及位置，以确保斜传的成功率。

 小提示　传球的运动轨迹与球撞墙后的反弹速度，以及击球同时推动球杆朝远端水平移动的速度有关。

斜线传球　　撞墙下刷

　　撞墙下刷是指当球撞墙壁反弹后再进行发力传球的动作，在发力的同时推动球杆朝近端水平移动，使球以斜向下的运动轨迹传出。

闭合式站姿准备好，将球放置持球人偶旁；

轻拉手柄，持球人偶水平横向带动球至对方两个人偶之间的空隙，同时，击球人偶绕到球的侧后方；

左手逆时针扭腕式发力，并向内轻拉球杆，将球从对方防守人偶与墙壁之间的空隙斜线击出；

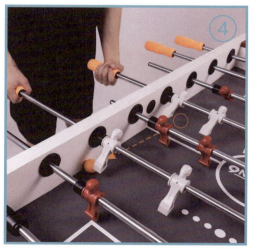

三人杆最近端人偶脚提前贴墙并前摆45°，利用人偶与墙壁之间的空隙顺势接球。

示意图

 球的进攻路线　　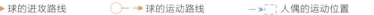 球的运动路线　　人偶的运动位置　　 手柄的旋转方向

动作要领　撞球下刷在发力的同时拉动球杆朝近端水平移动。注意观察球撞墙反弹后的速度及位置，以确保斜传的成功率。

小提示　传球的运动轨迹与球撞墙后的反弹速度，以及击球同时推动球杆朝远端水平移动的速度有关。
撞墙上刷、撞墙下刷动作技巧关键在于动作的突然性和欺骗性，以及利用对手的反应时间差进行突破。

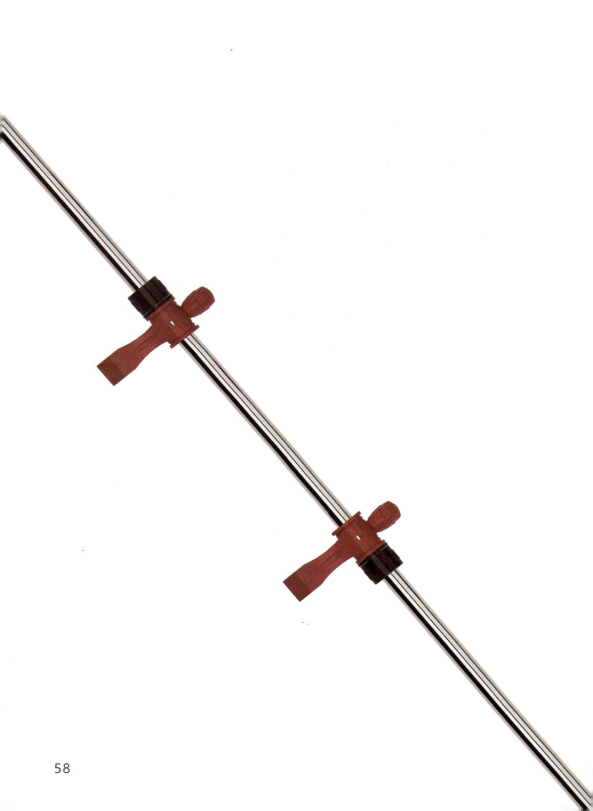

第四节 二人杆技术

在桌式足球中，二人杆的主要作用是阻止对方的进攻，保护我方的球门。在防守的同时，二人杆又是后场进攻的发起者或组织者，它可以在合适的时机直接远台射门，也可以将球传给其他球杆（如五人杆或三人杆）上的人偶，以组织起有效的反击。这不仅需要选手具备快速反应能力，还需要有良好的观察力和对球的控制能力。

本节将重点介绍二人杆进攻技术，包括射门与传球。防守将在后续章节介绍。

二人杆射门是一种出其不意的进攻方式，可以在对手防守不稳时迅速转换进攻节奏，创造得分机会，最常见的射门动作包括斜推、原地斜推、拉射、原地斜拉。

二人杆的传球技术主要有两种：二人杆传三人杆和二人杆传五人杆，这两种传球在规则上会有所不同。将球从二人杆传至五人杆时，传球的合规性按照《桌式足球竞赛规则》（2024年修订版）第二章第十条第（一）点执行，若传球过程球触碰到对方的人偶，此时传球过程视为结束，故任何人偶都可以接球；此外不执行3次撞击球台墙壁犯规的规定。将球从二人杆传至三人杆时，则没有规则上的限制，如将静止的球从二人杆传至三人杆。

二人杆射门 斜推

　　二人杆斜推是指手臂推动球杆，同时人偶脚侧面贴着球，也是从近端推到远端快速移动过程中突然进行扭腕式发力的动作。

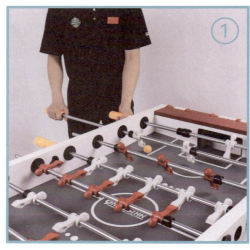

开放式站姿准备好，右手握住二人杆，左手握住守门员杆，球紧贴二人杆击球人偶脚的左侧；

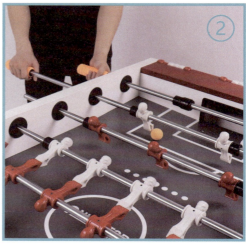

右手推动球杆，使二人杆击球人偶带动球从近端推到远端横向移动；

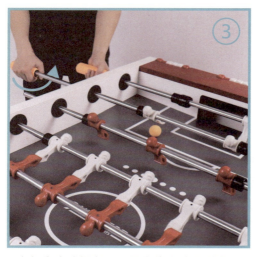

球在移动过程中，人偶脚绕到球正后方；

移动至目标点位时进行扭腕式发力将球击出，完成射门。

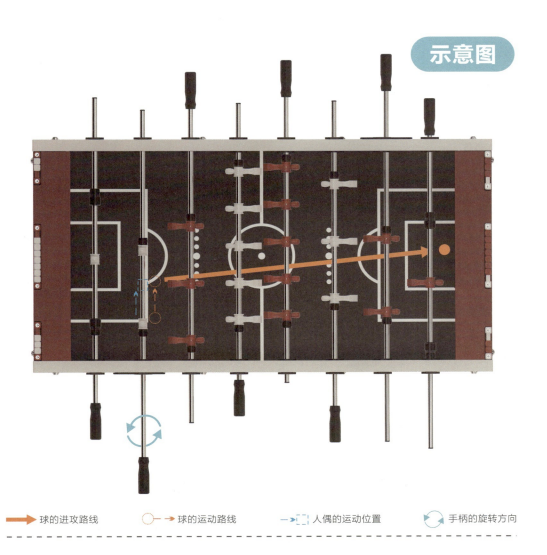

➡ 球的进攻路线　　○⇢ 球的运动路线　　⇢[ ] 人偶的运动位置　　↻ 手柄的旋转方向

动作要领　在击球人偶带动球水平移动的过程中,球需要一直紧贴击球人偶直至射门动作产生,击球人偶的脚要略微后摆贴球。

小提示　二人杆斜推和三人杆技术中的推射相近,在握杆时手腕放松,不可大幅度用力握杆,以免影响扭腕式发力的流畅性。二人杆斜推发力时要充分,可以使得球速更快,让对方措手不及。
在练习该动作时,可将射门路线上的人偶全部水平放倒,方便练习。技术熟练后,可将射门路线上的人偶垂直摆放,以增加练习的难度。

二人杆射门　原地斜推

　　二人杆原地斜推是指球停在二人杆的近端，近端人偶绕到球后方下半部分，通过扭腕式发力，发力同时把球杆往前推，使球从二人杆的近端位置斜线射入对方球门的动作。

开放式站姿准备好，右手握住二人杆，左手握住守门员杆，球紧贴二人杆击球人偶脚的左侧；

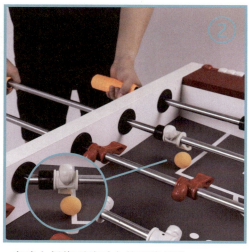

击球人偶绕到球后方的下半部分；

通过扭腕式发力将球击出的同时，球杆往前推，使球产生斜线运动轨迹；

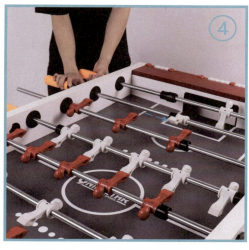

在球击出后，二人杆仍要有继续前推的惯性动作，使射门的力量发挥得更通透。

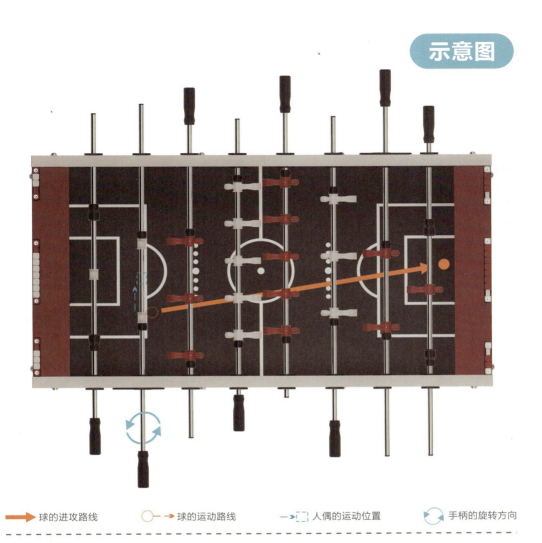

➡ 球的进攻路线　　○⇢ 球的运动路线　　⇢[ ] 人偶的运动位置　　🔄 手柄的旋转方向

动作要领　握杆时手腕放松,不可大幅度用力握杆而影响扭腕式发力的流畅性。二人杆原地斜推发力时应使用扭腕式发力。

小提示　在击球人偶击球过程中,球需要一直紧贴击球人偶,直至射门动作产生。在练习该动作时,可将射门路线上的人偶全部水平放倒,方便练习。技术熟练后,可将射门路线上的人偶垂直摆放,以增加练习的难度。

二人杆射门　拉射

　　二人杆拉射与三人杆拉射动作相同，也是手臂拉动球杆，同时人偶带动球，从远端到近端快速移动过程中突然进行扭腕式发力的射门动作。

开放式站姿准备好，右手握住二人杆，左手握住守门员杆，球紧贴二人杆击球人偶脚的右侧；

右手拉动球杆，击球人偶带动球从远端到近端横向移动；

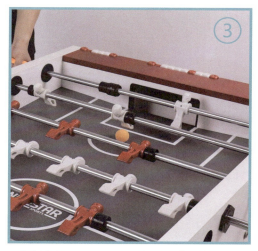

球在移动过程中，人偶脚绕到球正后方；

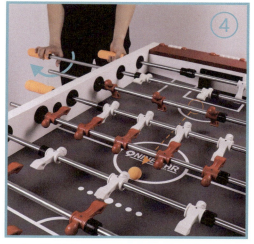

移动至目标点位时进行扭腕式发力将球击出，完成射门。

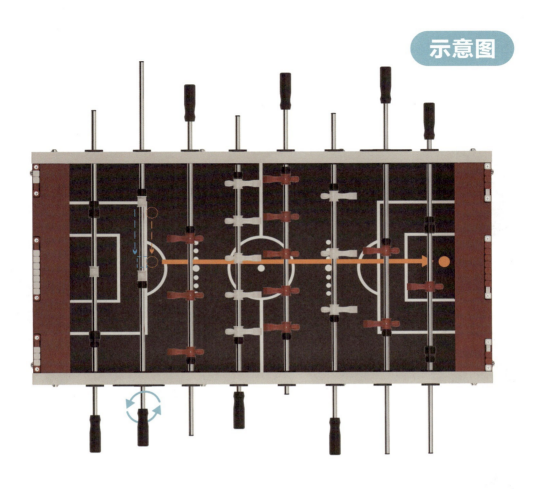

➡️ 球的进攻路线　　◯➡️ 球的运动路线　　➡️[ ] 人偶的运动位置　　🔄 手柄的旋转方向

 动作要领　握杆时手腕放松，不可大幅度用力握杆而影响扭腕式发力的流畅性。拉射时应使球保持笔直射进球门，增加进球的成功率。

小提示　在击球人偶击球过程中，球需要一直紧贴击球人偶，直至射门动作产生。击球人偶带动球水平移动时应注意击球人偶的脚略微后摆贴球。
在练习该动作时，可将射门路线上的人偶全部水平放倒，方便练习。技术熟练后，可将射门路线上的人偶垂直摆放，以增加练习的难度。

二人杆射门　　原地斜拉

　　二人杆原地斜拉是指球在二人杆的远端，二人杆的击球人偶绕到球后方原地击球的上半部分，通过扭腕式发力，发力同时把球杆往后拉，使球从二人杆的远端位置斜线射入对方球门的动作。

开放式站姿准备好，右手握住二人杆，左手握住守门员杆，球紧贴二人杆击球人偶脚的右侧；

击球人偶绕到球后方的上半部分；

通过扭腕式发力将球击出；

扭腕的同时将球杆向下拉动，改变球的运动方向，使球以斜线射入球门。

示意图

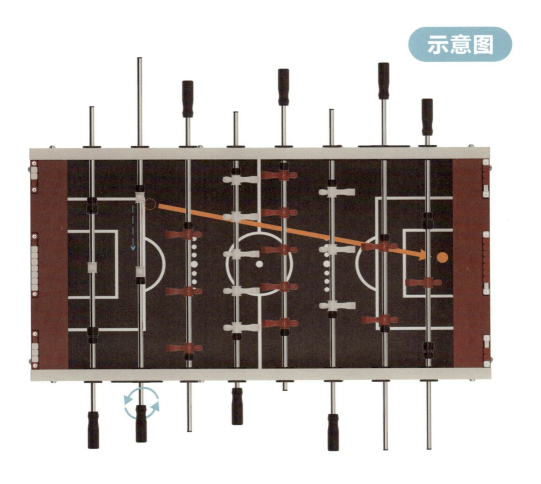

→ 球的进攻路线　　⚬→ 球的运动路线　　--▶▢ 人偶的运动位置　　↻ 手柄的旋转方向

动作要领 握杆时手腕放松，不可大幅度用力握杆而影响扭腕式发力的流畅性。二人杆原地斜推发力时应使用扭腕式发力将球击出，同时也要将球杆往下拉。

小提示 在击球人偶击球过程中，球需要一直紧贴击球人偶，直至射门动作产生。球最终以斜线射入球门。
在练习该动作时，可将射门路线上的人偶全部水平放倒，方便练习。技术熟练后，可将射门路线上的人偶垂直摆放，以增加练习的难度。

二人杆传球　二人杆靠墙直传五人杆

　　二人杆靠墙直传五人杆是指二人杆将球运至球台远端墙壁，由最远端人偶将球紧贴墙壁传出，最后由五人杆远端人偶接球的技术。

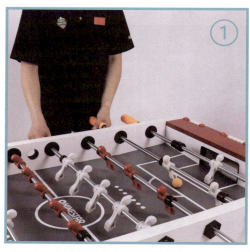

以闭合式站姿准备好，右手握住五人杆，左手握住二人杆，球紧贴二人杆击球人偶脚右侧；

持球人偶水平横向带动球至球台远端墙壁，并同时旋转人偶至球的侧后方；

当球贴墙瞬间，二人杆远端人偶贴墙将球水平传出；

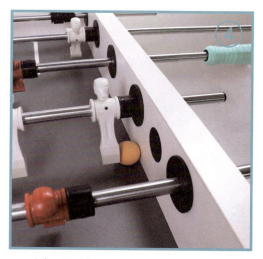

五人杆最远端人偶脚提前贴墙前摆45°左右，顺势紧贴墙壁接球。

示意图

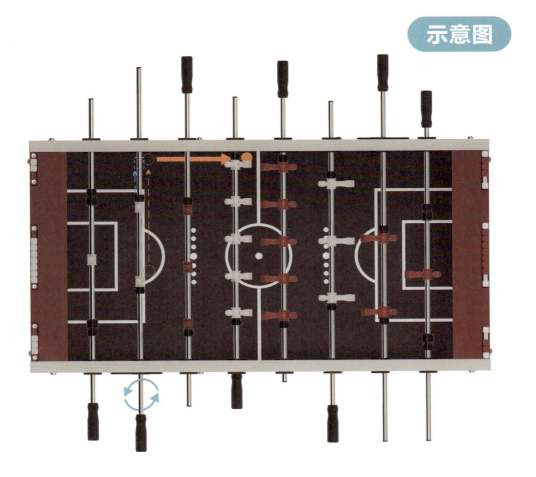

→ 球的进攻路线　○→ 球的运动路线　→[ ] 人偶的运动位置　↻ 手柄的旋转方向

动作要领　在二人杆靠墙传球时，二人杆击球人偶需贴球将球击出。五人杆接球人偶摆好后，右手握杆时需要放松。传球时发力要充分，保证球紧贴墙壁传至五人杆接球人偶脚下。

小提示　在传球的瞬间，注意不能等球撞墙后再传出，球在撞墙后会有一个回弹的力量，容易使球偏离方向。

二人杆传球　二人杆渗透性直传五人杆

二人杆渗透性直传五人杆是指二人杆将球运至对方五人杆两个防守人偶之间的空隙，由二人杆从防守空隙直线向前传出，最后由五人杆的相应人偶接球的技术。

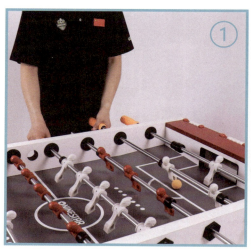

闭合式站姿准备好，右手握住五人杆，左手握住二人杆，球紧贴持球人偶脚右侧；

二人杆持球人偶水平横向运球至对方三人杆两个人偶之间的空隙；

二人杆击球人偶绕到球的正后方，从对方防守人偶之间的空隙将球直线击出；

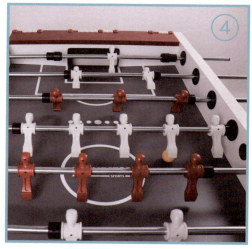

二人杆击球人偶传球的同时，将五人杆接球人偶移至与二人杆击球人偶同一水平位置，并前摆45°左右接球。

示意图

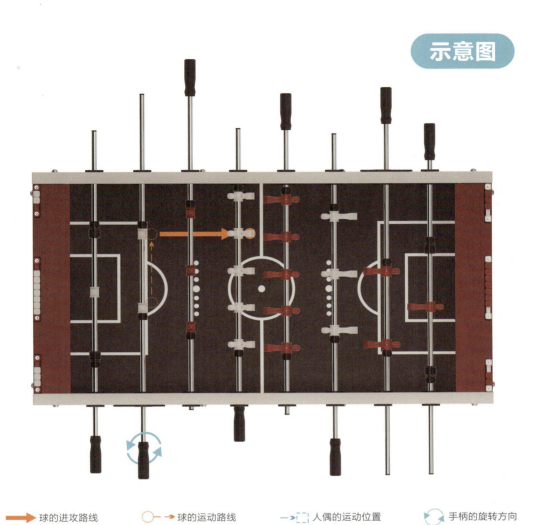

➡ 球的进攻路线　　◯⤑ 球的运动路线　　⤑⬚ 人偶的运动位置　　⟲ 手柄的旋转方向

动作要领　传球时二人杆击球人偶与五人杆接球人偶应同时开始横向移动，在二人杆击球人偶触球的瞬间，五人杆接球人偶就要快速移到接球位置。接球人偶脚前摆45°左右，握杆手要放松，防止因动作僵硬，影响接球效果。

小提示　接球时需提前预判球的运动轨迹，提前将接球人偶移至接球点。二人杆击球人偶脚正面与球的接触面积以及左手发力动作等，都会影响球的运动轨迹。

二人杆传球　二人杆上刷传五人杆

　　二人杆上刷传五人杆是指二人杆击球人偶绕到球的后方，在击球的同时推动球杆继续朝远端水平移动，使球以斜向上的运动轨迹传出的技术。

闭合式站姿准备好，右手握住五人杆，左手握住二人杆，球紧贴持球人偶脚右侧；

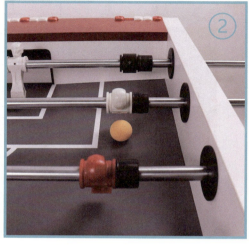

二人杆持球人偶水平推动球，同时，将击球人偶移至球的正后方；

左手扭腕式发力的同时向上推动球杆，将球从对方防守人偶与墙壁的空隙斜线传出；

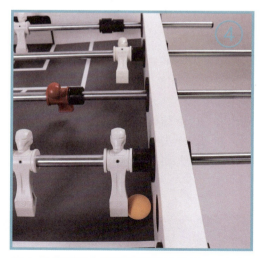

五人杆最远端人偶脚提前贴墙前摆45°左右，顺势紧贴墙壁接球。

示意图

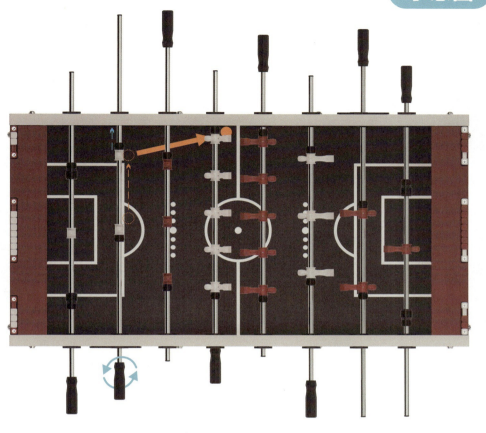

→ 球的进攻路线　　⭕→ 球的运动路线　　—▸[ ] 人偶的运动位置　　↻ 手柄的旋转方向

动作要领　二人杆上刷传五人杆与五人杆上刷一样，击球人偶与接球人偶应同时开始横向移动，在击球人偶触球的瞬间，接球人偶就要快速移到接球位置。接球人偶脚前摆45°左右，握杆手要放松，防止因动作僵硬，影响接球效果。接球时需提前预判球的运动轨迹，提前将接球人偶移至接球点。

小提示　注意击球人偶脚侧面与球的接触面积，以及左手发力等动作会影响球的运动轨迹。上刷不局限于相邻两人偶之间的传球，渗透路线也不局限于对方哪两个人偶之间的空隙。可根据对方防守情况，选择合适的渗透路线。

二人杆传球　二人杆下刷传五人杆

二人杆下刷传五人杆是指二人杆击球人偶绕到球的后方，在击球的同时拉动球杆继续朝近端水平移动，使球以斜向下的运动轨迹传出的技术。

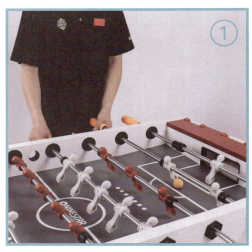

闭合式站姿准备好，右手握住五人杆，左手握住二人杆，球紧贴持球人偶脚右侧；

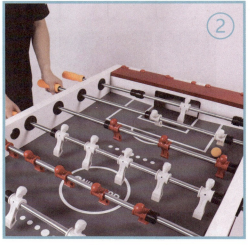

二人杆持球人偶水平横向带动球至对方五人杆两个人偶之间的空隙；

将二人杆击球人偶移至球的正后方，左手扭腕式发力同时拉动球杆朝近端水平移动；

二人杆击球人偶击打球的同时，将五人杆接球人偶移至与击球人偶同一水平位置，并前摆45°左右接球。

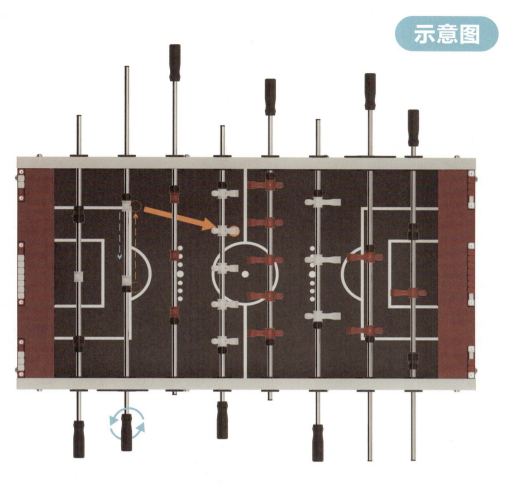

示意图

→ 球的进攻路线　　○→ 球的运动路线　　→[ ] 人偶的运动位置　　↻ 手柄的旋转方向

动作要领　二人杆在刷球时，运球速度不宜过快，球速过快时进行刷球不易达到斜传效果，接球人偶应提前判断球的角度与轨迹，人偶脚前摆45°左右准备接球。

小提示　进行二人杆上刷传球或下刷传球时，二人杆击球人偶击打球时球杆移动的角度会影响球的运动轨迹。

二人杆传球 二人杆撞墙上刷斜传五人杆

二人杆撞墙上刷斜传五人杆是指当球撞墙壁反弹后再进行发力传球的动作，在发力的同时推动球杆朝远端水平移动，使球以斜向上的运动轨迹传出。

闭合式站姿准备好，右手握住五人杆，左手握住二人杆，球紧贴持球人偶脚右侧；

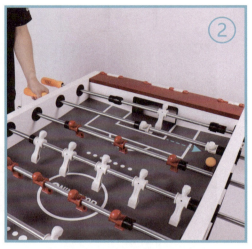

二人杆持球人偶水平推动球，使球与墙壁相撞，球沿水平方向反弹；

反弹后，二人杆击球人偶绕到球的正后方将球击出，在击球同时推动球杆朝远端水平移动，使球以斜向上的运动轨迹传出；

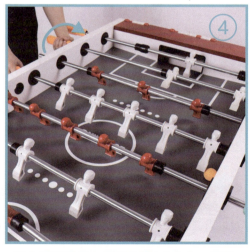

五人杆最远端人偶脚前摆45°左右，顺势紧贴墙壁接球。

示意图

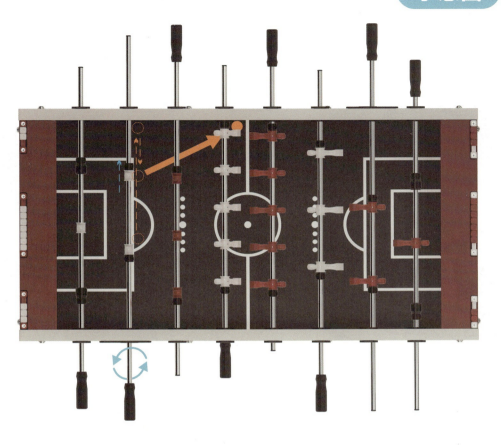

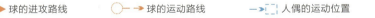 球的进攻路线　　○→ 球的运动路线　　─▶[ ] 人偶的运动位置　　↻ 手柄的旋转方向

动作要领　五人杆接球握杆时手要放松，传球时发力要充分，保证球紧贴墙壁并水平移动至五人杆接球人偶脚下。

小提示　球撞墙后的反弹速度，以及击球同时推动球杆朝近端水平移动的速度，都会影响传球的运动轨迹。

二人杆传球　二人杆撞墙下刷斜传五人杆

　　二人杆撞墙下刷斜传五人杆是指当球撞墙壁反弹后再进行发力传球的动作，在发力的同时推动球杆朝近端水平移动，使球以斜向下的运动轨迹传出。

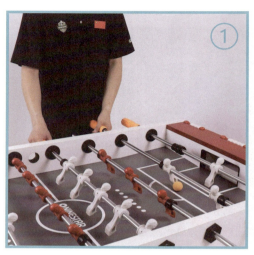

闭合式站姿准备好，右手握住五人杆，左手握住二人杆，球紧贴持球人偶脚右侧；

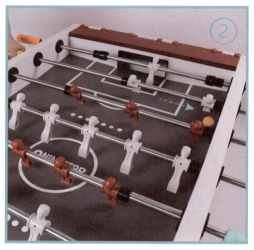

二人杆持球人偶水平推动球，使球与墙壁相撞，球沿水平方向反弹；

反弹后，二人杆击球人偶绕到球的正后方将球击出，在击球同时拉动球杆朝近端水平移动，使球以斜向下的运动轨迹传出；

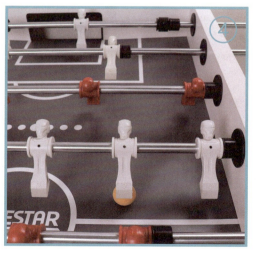

提前判断球的运动轨迹，五人杆接球人偶脚前摆45°左右移至相应位置接球。

示意图

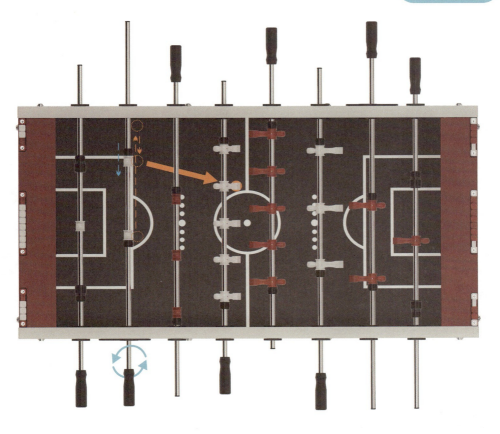

→ 球的进攻路线　　○→ 球的运动路线　　→[] 人偶的运动位置　　↻ 手柄的旋转方向

 五人杆接球握杆时手要放松，传球时发力要充分，要提前预判传球大致线路，保证五人杆顺利接球。

 球撞墙后的反弹速度，以及击球同时拉动球杆朝近端水平移动的速度，都会影响传球的运动轨迹。

二人杆传球　二人杆原地直传三人杆

　　二人杆原地直传三人杆是指二人杆直接将静止的球原地直线传递到三人杆的动作。这种传球方式通常需要二人杆准确把握传球的时机和力度，以确保球能够顺利到达三人杆的控制范围内，从而为三人杆创造进攻的机会。

闭合式站姿准备好，右手握住三人杆，左手握住二人杆，球紧贴二人杆远端击球人偶脚右侧；

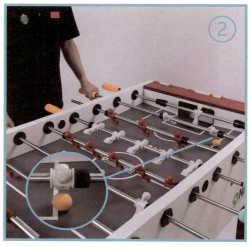

轻拉球杆同时旋转持球人偶移动至球的正后方并紧贴球；

利用扭腕式发力原地发力；

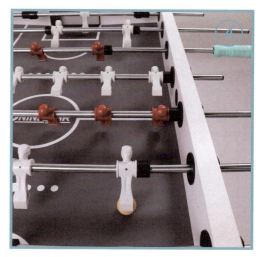

三人杆接球人偶推至与球同一平行线处，与球对准并且使人偶向前倾斜45°左右，将球顺势卡在接球人偶的脚下。

示意图

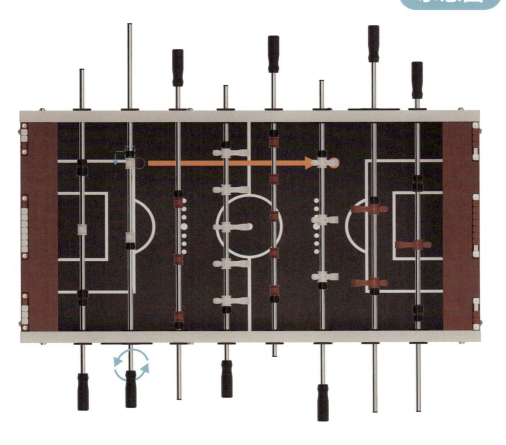

➡️ 球的进攻路线　　◯➡️ 球的运动路线　　➡️[:] 人偶的运动位置　　🔄 手柄的旋转方向

动作要领 二人杆传球时击球人偶的脚要紧贴球。三人杆接球时手要放松，否则球可能被弹开。

小提示 实战中需要时刻关注双方人偶的位置，判断三人杆人偶移动和接球时机，选择最佳的传球路线。

二人杆传球 二人杆原地斜传三人杆

二人杆原地斜传三人杆是指二人杆将静止的球在原地以斜线的方式传递到三人杆的动作。它需要选手轻微移动二人杆，改变球的方向，使其斜线穿过中场，准确到达三人杆所在的位置。

闭合式站姿准备好，右手握住三人杆，左手握住二人杆，球紧贴二人杆远端击球人偶脚右侧；

轻拉球杆同时旋转持球人偶移动至球的正后方并紧贴球；

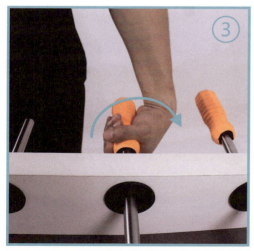

左手利用扭腕式发力技巧，发力的同时把球杆往上推；

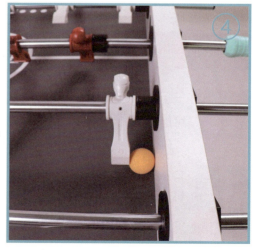

三人杆推至球台的最上方并且使人偶向前倾斜45°左右，将球接在三人杆最远端人偶和墙壁的夹角处。

示意图

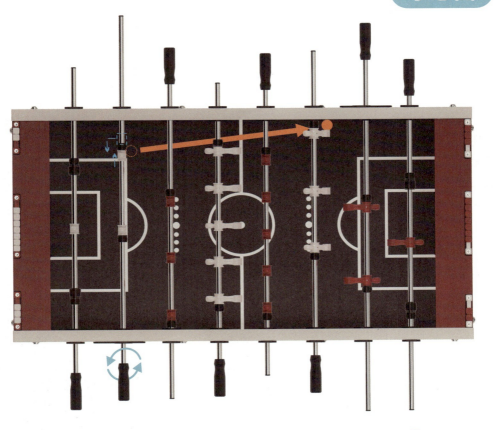

→ 球的进攻路线　　⭕→ 球的运动路线　　→▭ 人偶的运动位置　　↻ 手柄的旋转方向

动作要领 二人杆传球时击球人偶的脚要紧贴球,发力同时向上推动二人杆,使球以斜线的运动轨迹传出。三人杆接球时手要放松,否则球可能被弹开。

小提示 实战中需要时刻关注双方人偶的位置,判断三人杆人偶移动和接球时机,选择最佳的传球路线。

第四章
桌式足球训练

第一节 综合技术训练
第二节 专项素质训练
第三节 比赛心理素质训练

桌式足球训练概述

在桌式足球的比赛中，每一次击球、传球、防守和进攻，都凝聚着技巧、智慧和决心。本章从综合技术、专项素质、心理素质三个方面一一介绍相关训练知识，这不仅是对技术的磨砺，更是对自身全面素质的提升。

综合技术训练是基石，它涵盖了控球的力度与角度、球杆的灵活操控、运动中合理的出球方式等。通过反复的练习和精细的调整，力求每一个动作都精准无误，每一次配合都天衣无缝，这样才能使我们在球台上应对各种复杂的局面，展现出高超的球技。

专项素质训练则是自我突破的关键。它着重强化力量、速度、耐力、柔韧性以及灵敏性，让我们在激烈的对抗中反应迅速，保持稳定的发挥，持续掌控比赛的节奏。

然而，真正的高水平选手不仅要有过硬的技术和身体素质，还需具备强大的心理素质。心理素质训练让我们在面对压力时保持冷静，在落后时不气馁，在领先时不骄躁。培养坚定的信念、顽强的意志和良好的心态，让我们无论在何种情况下，都能发挥出最佳水平。

第一节 综合技术训练

桌式足球综合技术训练是一个全面提升桌式足球选手技能的重要过程，涵盖了控球、传球、接球、射门、防守等多项技术，能够让选手在各个方面都得到锻炼和提高，避免技术短板，快速提升实战能力。它模拟了比赛中出现的各种场景和技术需求，让选手在训练中积累经验，从而在实际比赛中能更从容地应对各种情况。它提升了选手对战术的理解，通过不同技术在战术场景中的应用，选手能更好地理解和执行比赛的战术安排，提高战术执行能力。

球感训练

球感是选手必须具备的基本素质之一，是控制球的基础，是技术水平获得提高的前提。桌式足球技术动作完成的质量，很大程度上取决于球感程度。球感虽然看不见，给人以抽象感，但它却影响、支配着基本技术应用的准确程度和运动水平的高低，球感与桌式足球基本技术的提高相辅相成。球感是在运动训练和比赛中逐步形成的。通过在桌式足球启蒙时期加强对球感的训练，观察其对学习桌式足球技术的运用，摸索桌式足球教学的基本规律，可以快速提高掌握桌式足球技术的能力。

训练方法：

（1）按照基本站姿做好准备，将球放在三人杆脚侧面，进行相邻两个人偶间的运球以及相隔一个人偶间的运球。

（2）按照闭合式站姿做好准备，将球放在五人杆脚侧面，进行由下至上"爬楼梯"式的运球训练，在这个过程中同样可以运用相邻两个人偶间以及相隔一个人偶间的运球方法进行训练。

（3）按照基本站姿做好准备，将球放在二人杆脚侧面，按照运球加缓冲停球的同步训练方法进行训练，也可以在运球或球静止的过程中让人偶在球的周边进行环绕练习。

小提示： 在进行球感训练的时候，可以合理地利用墙壁进行同步训练，在保证球不脱离控制的情况下，手部动作越放松越好。

扫码观看视频教学

三人杆技术拓展训练

三人杆技术拓展是结合实战进行的基础射门动作的演变，三人杆技术拓展以提升自己的前场射门能力为主。随着比赛节奏的加快和防守强度的增加，三人杆需要更加精准和高效的射门技术来把握进球机会。根据比赛的实际情况，灵活运用这些战术技巧，提高相互之间的配合，以期达到最佳的进攻效果。

训练方法：

（1）按照蛇形射门姿势做好准备，通过右手推（拉）球杆移动球，在这个过程中，向上（下）走一步将球踩住后，立刻向反方向进行射门。

（2）按照握提射门姿势做好准备，通过右手推（拉）球杆移动球，在这个过程中，向上（下）走一步将球踩住后，立刻向反方向进行射门。

（3）按照拉射射门姿势做好准备，通过右手推（拉）球杆进行缓冲停球，在这个过程中，缓冲到球门中间的位置时直接带球下拉击球。

小提示： 在训练的过程中要注意节奏的变换，可假想对手在跟随式死守，利用防守方的惯性思维，突然变速射门。

扫码观看视频教学

五人杆技术拓展训练

实战中每个选手都要非常清楚地知道如何有效利用五人杆来控制球权、拦截对手的传球、制造攻势以及为三人杆创造机会等。五人杆技术拓展训练主要是提升选手的传球能力，根据防守节奏的变换而转变传球方式。熟练掌握五人杆传球技术，也是成为高水平桌式足球选手的关键一步。

传球技术不是一成不变的，可以根据基础传球动作进行衍生，无论采用哪种传球方式，都需要注意以下几点：

（1）传球要有明确的目的性，为接球的球杆创造良好的进攻机会。

（2）传球动作要快速、简练，减少被对手抢断的风险。

（3）传球的力量要适度，保证球能准确传到人偶脚下。

（4）注意观察场上对方的位置和移动情况，提前预判传球时机和方向。

（5）平时多加练习，提高传球的准确性和稳定性。

桌式足球五人杆技术拓展传球包括靠墙快速传球、撞墙快速上刷传球、渗透性快速传球。

训练方法：

（1）按照闭合式站姿做好准备，将球摆在发球位置上，将球用开球人偶拉下来后快速地靠墙传球。

（2）按照闭合式站姿做好准备，将球摆在发球位置上，将球用开球人偶拉下来后快速地撞墙上刷传球。

（3）按照闭合式站姿做好准备，将球摆在发球位置上，将球用开球人偶拉下来后用二号人偶将球拉至碰墙弹出，紧接着进行上点传球。

小提示： 传球动作不宜过大，需要具有一定的隐蔽性，减少被对手预判和拦截的机会。

扫码观看视频教学

二人杆技术拓展训练

二人杆技术拓展训练是在合适的时机组织进攻的动作演变，结合实战进行二人杆基础射门动作的衍生，主要以提升后场射门能力为主，或将球安全地传递到前场，为进攻战术的展开奠定基础。在成功防守后，二人杆可以迅速发起进攻，创造得分机会。高水平选手往往能够通过二人杆来控制球权和传球节奏，以此掌握自己的进攻速度和方式，避免盲目进攻而失去球权。二人杆技术对于选手的防守稳定性、战术执行效果、进攻发起以及比赛节奏的掌控都有着不可替代的重要作用，是选手取得好成绩的关键因素之一。

训练方法：

（1）按照开放式站姿做好准备，将球摆在二人杆可控制的范围内，通过右手拉（推）球杆进行缓冲停球，缓冲停好球后将球立刻运用原地斜拉（原地斜推）的动作将球击出。

（2）按照开放式站姿做好准备，将球摆在二人杆可控制的范围内，通过右手推（拉）球杆进行运球后，利用非击球人偶将球拉（推）至墙壁后，运用原地斜拉（原地斜推）的动作击出。

（3）按照开放式站姿做好准备，将球摆在二人杆可控制的范围内，通过右手推（拉）球杆进行正常运球，然后突然变速，进行一推一射（一拉一射）将球击出。

小提示： 除节奏变换外，合理利用墙壁以及控球动作，控球、射门的结合动作的熟练度决定二人杆拓展训练的连贯性。

扫码观看视频教学

第二节 专项素质训练

在桌式足球的精彩对决中,专项素质的高低往往决定比赛的胜负,其重要性不言而喻。

力量训练是基础,强大的力量能赋予选手击球时的爆发力,无论是在进攻时有力地射门,还是防守时坚决地阻挡,都可让选手掌控局势,增加赢球机会。

速度训练在专项素质训练中至关重要,快速的反应和动作能让选手在瞬息万变的对抗中抢占先机,在对手还未做出反应时,已完成精彩的回击。

耐力训练是持久战斗力的保障,一场激烈的桌式足球比赛耗时颇长,良好的耐力让选手能在长时间的对抗中始终保持稳定的发挥,避免因体力不支而出现失误。

柔韧性训练能让动作更加舒展流畅,减少受伤的风险,同时增加击球的角度和范围,创造更多的得分机会。

灵敏性训练使身体更加协调灵活,便于迅速转换方向,精准地操控球杆和人偶,巧妙地应对各种来球,展现出高超的球技。

力量素质及其训练

一、力量素质概述

力量素质是指人体肌肉工作时克服阻力的能力。它主要包括最大力量、快速力量和力量耐力3种类型。最大力量指肌肉进行最大随意收缩时表现出的克服极限阻力的能力。这对于需要展现绝对力量的项目，如举重等至关重要。快速力量则强调肌肉在短时间内快速发挥力量的能力，包含了启动力量、爆发力等。在许多需要快速启动和加速的运动中，如短跑、跳跃等，快速力量起着关键作用。力量耐力是指肌肉长时间克服阻力的能力。比如在长跑、长时间的游泳或者长时间的劳动中，力量耐力能够保证肌肉持续工作而不疲劳。

良好的力量素质具有诸多重要意义，主要体现在以下几个方面：

（1）运动表现提升。使肌肉能够更有效地收缩和伸展，增强动作的准确性和协调性。有助于提高运动员在各类体育项目中的爆发力、速度和耐力，从而取得更好的竞赛成绩。

（2）预防损伤。强大的肌肉力量可以为关节提供更好的支撑和稳定，降低受伤的风险。特别是在进行高冲击或剧烈运动时，能够减少关节承受的压力和负荷。

（3）增强身体的平衡能力和反应能力，减少跌倒和受伤的机率。

（4）心理健康。拥有良好的力量素质能够增强自信心和自我认同感，提升心理韧性，有助于减轻焦虑和抑郁等负面情绪，促进心理健康。

影响力量素质的因素主要有：

（1）肌肉生理横断面积。肌肉的生理横断面积越大，一般意味着肌肉力量越大。这是因为较大的横断面积可以容纳更多的肌纤维，从而产生更大的收缩力量。

（2）肌纤维类型。肌肉中快肌纤维比例较高的人通常具有更大的力量潜力。快肌纤维收缩速度快、力量大，但容易疲劳；慢肌纤维收缩速度慢、力量小，但耐力较好。

（3）神经调节机能。中枢神经系统发放的神经冲动频率和强度会影响肌肉力量。更高的冲动频率和更强的冲动强度能募集更多的运动单位参与收缩，从而增大力量。神经对肌肉活动的协调和控制能力也对力量表现有重要影响。

（4）肌肉初长度。肌肉在收缩前被适度拉长时，能产生更大的收缩力量。但长度过长或过短都会降低肌肉力量。

（5）年龄和性别。通常，在青春期前，男性或女性在力量上差异不大。青春期后，男性的肌肉力量增长速度和绝对值普遍高于女性。随着年龄的增长，肌肉力量会逐渐下降，尤其是在30岁以后，下降速度加快。

（6）激素水平。睾酮等雄性激素能促进肌肉蛋白质的合成，增加肌肉力量。生长激素、甲状腺素等也会对肌肉力量产生影响。

（7）训练因素。科学合理的力量训练可以显著提高肌肉力量。训练的强度、频率、持续时间和训练方法等都会影响训练效果。

（8）营养状况。充足的蛋白质、碳水化合物和其他营养素的摄入是肌肉生长和力量发展的物质基础。

（9）健康状况。身体的健康状况，如是否存在疾病、损伤或疲劳等，会影响肌肉的正常功能和力量发挥。

通过科学合理的力量训练，如负重训练、器械训练、抗阻训练等，并结合适当的营养补充和充分的休息恢复，可以有效地提高力量素质。

二、桌式足球力量素质专项训练

力量素质训练在桌式足球中主要作用是提高选手在比赛中使用力量的效率和准确性。桌式足球是一项在球台上进行的无身体对抗的体育运动，在比赛和训练中，击球效果的好坏能直接影响比赛得分与技术训练效果，而力量素质是影响击球效果的关键因素之一，它对参与者的力量素质有一定要求。以下是一些相关训练方法：

（1）手部力量。握住球杆进行击球、传球和射门等动作需要一定的手部力量。可以通过握力器训练来增强手部的抓握力。

（2）手臂力量。参与桌式足球运动时，手臂需要控制球杆做出各种动作。训练方法包括俯卧撑（可尝试肘部内收方式，也可做爆发力俯卧撑，即在每次俯卧撑之间拍手一次）、俯卧撑爆发起身冲刺（做完俯卧撑后迅速起身冲刺一段距离）等。

（3）核心力量。核心肌群的稳定有助于更好地控制身体和球杆。例如，进行稳定性ABS练习。首先保持平板支撑姿势，手臂向下、身体平直，不要弓起背部；然后将胳膊和腿交替抬起，如抬起左臂时同时抬起右腿，反之亦然。也可以进行侧身平板练习，伸展胳膊到身下，再完全向后伸展到上方，保持侧身。若想增加难度，可抬起上面的腿并保持稳定姿势。

在进行力量训练时，需注意以下几点：

（1）遵循循序渐进的原则，逐渐增加训练的强度和难度。

（2）遵循正确性原则，保持正确的姿势和动作技巧，避免因错误动作导致受伤或影响训练效果。

（3）遵循适度性原则，给身体足够的休息时间来恢复，避免过度训练造成疲劳或损伤。

（4）遵循针对性原则，结合实际比赛情况进行针对性训练，例如模拟比赛场景进行专项射门练习，测试射门的球速与击球的稳定性。

手部力量的训练能够提升抓握力，从而提升击球点的稳定性与出球速度。手臂力量的训练能改善上肢力量，从而提升对球杆的操控性。核心力量的训练能提高身体稳定的持久性，从而提升技术动作高质量完成的持续性。

速度素质及其训练

一、速度素质概述

速度素质是指人体快速运动的能力。它包括了反应速度、动作速度和位移速度3个方面。反应速度是指人体对各种刺激发生反应的快慢，例如在体育比赛中对各种不同比赛情境的应对速度；动作速度指人体完成单个动作的快慢；位移速度则是指人体在单位时间内移动的距离。速度素质在许多体育运动中都起着关键作用，是运动员取得优异成绩的重要因素。

良好的速度素质具有诸多重要意义，主要体现在以下两个方面：

（1）提升运动表现。具备出色的速度素质能帮助运动员在比赛中抢占先机，是在许多竞技体育项目中决定胜负的关键因素之一。快速的移动和反应速度能提高进攻和防守的效率，提高获胜机率。

（2）增强身体机能。有助于提高心肺功能，使心肺系统能够更高效地为身体提供氧气和养分，从而提升整体耐力；促进神经系统的快速反应和协调能力，使身体各部分在高速运动中更好地配合。

影响速度素质的因素主要有：

（1）神经肌肉系统的兴奋性和协调性，兴奋程度高、协调能力好，速度表现就会更出色。

（2）肌肉力量和爆发力，强大的肌肉力量能为快速运动提供动力支持。

（3）身体的柔韧性，良好的柔韧性有助于减少肌肉阻力，提高动作幅度和速度。

（4）技术动作的熟练程度，熟练掌握正确的动作技巧，能更有效地发挥速度。

通过针对性的训练，如爆发力训练、快速伸缩复合训练、反应训练等，可以有效地提高速度素质。

二、桌式足球速度素质专项训练

速度素质是人体重要的身体素质之一，它对桌式足球的影响主要包括以下几个方面：

（1）反应速度是影响桌式足球速度素质的根本因素，它主要体现在能否迅速对球的位置和对手的动作做出反应。这方面可以通过一些专项的反应训练来提高，例如使用灯光或声音信号进行训练干预，当指定信号出现时尽快做出相应的反应动作。

（2）动作速度是影响桌式足球速度素质的关键因素，它主要体现在击球、传球和射门时的速度与频率。为了提升动作速度，可进行快速扭腕练习（手持球杆进行快速扭动），连续击球训练（连续不断地对同一目标进行快速击球），以提高手指、手腕以及前臂的快速运动能力。训练过程中，可以设置不同的目标和难度。例如改变击球位置、调整击球力度等，以增强训练的多样性和挑战性。

（3）移动速度是指选手在前场与后场之间进行转换的速度。可以通过短距离冲刺训练来增强，例如在一定距离内快速来回抓握手柄。

在进行速度素质训练时，需要注意以下几点：

（1）训练应具有系统性和计划性，逐步增加训练的强度和难度。

（2）要确保训练前充分热身，避免受伤。

（3）结合多种训练方法，保持训练的多样性和趣味性，以避免产生枯燥感。

（4）要注意训练后的放松和恢复，促进肌肉的修复和生长。

速度素质对于桌式足球的作用：

（1）速度素质的提高使得选手在桌式足球比赛中能够更快地执行技术动作，如快速击球、传球等。这种快速而准确的技术执行有助于选手在比赛中抓住战机，制造进攻机会或破坏对方的进攻。

（2）在桌式足球比赛中，选手需要快速对场上变化做出反应，如对手的动作、球的运动轨迹等。速度素质包括快速反应时间，能够减少从刺激出现到开始应答的间隔，从而提高选手的预判和反应能力。

（3）速度素质对于战术执行至关重要。在快速攻防转换的比赛中，选手需要迅速调整位置、执行战术指令。速度素质的提升有助于选手快速响应团队需求，执行有效战术，并在比赛过程中创造机会。

耐力素质及其训练

一、耐力素质概述

耐力素质是指人体在长时间进行工作或运动中克服疲劳的能力。它反映了人体持续活动的能力和抗疲劳的水平。耐力素质可以分为肌肉耐力和心血管耐力。肌肉耐力主要是指肌肉在长时间重复收缩或持续用力的情况下,对抗疲劳的能力;心血管耐力则侧重于心肺系统持续为身体提供氧气和养分,以支持长时间运动的能力。

良好的耐力素质具有诸多重要意义,主要体现在以下几个方面:

(1)提升运动表现。在许多体育项目中,如长跑、游泳、自行车、桌式足球等,耐力是取得优异成绩的关键因素。

(2)增强身体机能。有助于改善心肺功能、提高代谢水平、促进血液循环。

(3)促进心理健康。有利于培养坚韧不拔的意志品质,增强自信心和应对压力的能力。

(4)维持健康生活。能够提高日常生活中的活动能力,减少疲劳感,增强身体的适应能力。

影响耐力素质的因素主要有:

(1)心肺功能。心肺系统的工作效率,如心脏的泵血能力、肺部的气体交换能力等,对耐力起着基础性的作用。强大的心肺功能能够为身体持续提供充足的氧气和养分,支持长时间的运动。

(2)肌肉力量和耐力。足够的肌肉力量能够支持长时间的运动,而肌肉本身的耐力决定了其在持续收缩中的抗疲劳能力。

(3)遗传因素。个体的基因在一定程度上决定了其心肺功能、肌肉类型和代谢特点等,从而对耐力素质产生影响。

(4)训练水平。科学系统的耐力训练可以提高身体的各项机能,增强耐力。训练的方式、强度、频率和持续时间等都会影响耐力的提升效果。

(5)心理因素。坚韧的意志力、良好的动机与积极的心态能够帮助克服疲劳和困难,在耐力运动中坚持更久。

通过科学合理的训练方法和良好的生活习惯,可以有效地提高耐力素质。

二、桌式足球耐力素质专项训练

桌式足球比赛通常持续时间较长，对参与者的耐力素质有一定要求。耐力素质主要包括肌肉耐力和心血管耐力。

肌肉耐力方面，在桌式足球中，长时间握住球杆并进行精准的操作，需要手臂、手腕和手指的肌肉具备良好的耐力。为了提高这部分肌肉耐力，可以进行长时间的低强度球杆操作练习，例如进行持续旋转球杆练习、持续抓握球杆练习，训练时长与次数可以根据选手实际情况逐渐增加。

心血管耐力方面，有助于在比赛中保持良好的体能状态和专注力。训练方法可以通过有氧运动来练习，如慢跑、跳绳、有氧操和游泳，每次持续30分钟以上，每周至少3次。

以下是一些具体的训练建议：

（1）间歇训练法。进行多次短时间、高强度的桌式足球动作练习，每组动作练习后休息较短时间，然后再进行下一组。例如：快速击球30秒、休息15秒，重复多组。

（2）持续训练法。不间断地进行桌式足球练习，逐渐增加练习时间。从10分钟开始，逐步增加到30分钟甚至更长。

（3）综合训练。将桌式足球耐力训练与其他体能训练相结合，比如在进行桌式足球练习的同一天，安排有氧运动或力量训练。

（4）模拟比赛训练。按照正式比赛的规则和时长进行模拟比赛，让身体适应比赛中的耐力需求。

在进行耐力训练时，要注意以下几点：

（1）充分热身和拉伸，减少受伤的风险。

（2）合理安排训练强度和休息时间，避免过度疲劳。

（3）保持良好的饮食和睡眠，为训练提供充足的能量和恢复条件。

（4）定期评估训练效果，根据实际情况调整训练计划。

柔韧性素质及其训练

一、柔韧性素质概述

柔韧性素质是指人体关节活动幅度以及关节韧带、肌腱、肌肉、皮肤与其他组织的弹性和伸展能力。

良好的柔韧性具有诸多重要意义，主要体现在以下几个方面：

（1）降低受伤风险。能够增加关节的活动范围，减少在运动中因关节活动受限而导致的肌肉拉伤、韧带扭伤等损伤。

（2）改善动作表现。有助于更轻松、流畅地完成各种动作，提高动作的准确性和效率。

（3）促进身体恢复。帮助肌肉放松，减轻肌肉紧张和疲劳，加速运动后的恢复。

（4）增强身体平衡和协调能力。使身体在不同姿势和动作转换时更加稳定与协调。

柔韧性的影响因素包括：

（1）关节结构。不同关节的结构差异会影响其柔韧性。

（2）年龄。儿童时期柔韧性通常较好，随着年龄增长，柔韧性逐渐下降。

（3）性别。一般来说，女性的柔韧性通常优于男性。

（4）肌肉和韧带的弹性。肌肉和韧带的紧张程度以及弹性状况对柔韧性有直接影响。

（5）活动水平和训练。经常进行柔韧性训练的人往往具有更好的柔韧性。

柔韧性可以通过多种方式进行训练和提高，如静态拉伸、动态拉伸、PNF 拉伸（本体感觉神经肌肉促进法）等。但在进行柔韧性训练时，要注意遵循科学的方法和原则，避免过度拉伸造成损伤。

二、桌式足球柔韧性素质专项训练

在桌式足球运动中，通过针对这些环节进行柔韧性训练，可以提高在桌式足球运动中的表现和反应能力。

以下几个环节的柔韧性提高较为重要：

（1）肩部。肩部的柔韧性有助于更大幅度地伸展手臂，从而覆盖更广的击球范围。

方法一：站立前屈。站立，双脚与肩同宽，双臂向上伸直，然后缓慢向前弯曲身体，尽量让双手触碰地面或小腿后侧，保持30秒。

方法二：肩部拉伸。坐在椅子或地上，双手放在背后，尽量将双手手指交叉或相互握紧，然后缓慢地向前挺胸，同时向后拉伸肩部，保持30秒。

方法三：墙壁天使。背对墙壁站立，双脚离墙壁约一臂距离，双手平放在墙上，与肩同高，然后缓慢地向后、向上、再向前移动双手，同时保持背部、肩膀和手臂紧贴墙壁，每组进行10—15次。

（2）肘部。肘部的柔韧性可使击球动作更加流畅和自然，减少卡顿和力量的损耗。

方法一：伸展运动。站立或坐直，将右臂向上伸直，然后用左手将右手向身体左侧拉，直到感到肘部有拉伸感，保持15—30秒，然后换另一侧。双手在背后相握，然后慢慢向上抬起手臂，感受肘部和肩部的拉伸，保持15—30秒。

方法二：旋转练习。手臂伸直，以肘部为轴，顺时针和逆时针缓慢旋转手臂，每个方向旋转10—15次。

（3）腰部。在击球时，腰部的适当扭转和弯曲能帮助调整身体姿势，更好地发挥力量和控制击球角度。

方法一：前屈拉伸。站立，双腿伸直并拢，上身慢慢向前弯曲，双手尽量去触碰地面，感受腰部的拉伸，保持15—30秒。坐在瑜伽垫上，双腿伸直并拢，上身向前屈，双手抱住双腿，额头尽量靠近膝盖，保持同样的时间。

方法二：侧屈拉伸。站立，右手向上伸直，然后身体向左侧弯曲，左手沿着左腿向下伸展，感受右侧腰部的拉伸，左右侧交替进行，各保持15—30秒。

（4）髋关节。髋关节的柔韧性有助于在桌前灵活移动身体重心，更好地应对不同方向来球。绕环运动可以增加髋关节的灵活性和活动范围。

方法一：站立或坐立时，双手轻轻扶住腰部或大腿，然后慢慢地让髋关节进行顺时针和逆时针的绕环运动。每个方向进行10—15次。

方法二：动态髋部拉伸，站立时双脚与肩同宽，双手自然下垂。慢慢抬起一条腿并向外侧摆动，同时身体向同侧倾斜。在摆动过程中尽量保持身体稳定并感受髋关节的伸展。每个方向进行10—15次，然后换另一侧进行练习。

（5）手腕和手指关节。桌式足球中，操控球杆主要依靠手腕和手指的灵活运动。良好的手腕和手指关节柔韧性能够更精准地控制球杆击球的方向和力度。

手腕和手指关节柔韧性十分重要，以下是一些桌式足球训练中手腕柔韧性训练的方法：

方法一：腕关节旋转。轻轻转动手腕，顺时针和逆时针方向都要进行，每个方向旋转10—15次，可进行2—3组。这有助于增加手腕的活动范围和灵活性。

方法二：屈伸手腕。缓慢地将手腕向前弯曲，尽量伸展，然后再向后弯曲，同样尽量达到最大幅度，重复10—15次，进行2—3组。注意动作要轻缓，避免过度拉伸导致受伤。

方法三：手指拉伸。用另一只手轻轻拉住手指，向手背方向伸展，每个手指保持10—15秒，可重复2—3次。这不仅能增加手指的柔韧性，对手腕也有一定的牵拉作用。

方法四：握力放松。用力握拳，然后再缓慢松开，重复多次。这个动作可以帮助放松手腕和手部肌肉，增强手部的血液循环。

方法五：借助器材。使用握力器或弹性带进行练习。握住握力器，缓慢地挤压和放松；或用弹性带一端固定，另一端套在手上，通过手腕的屈伸、旋转来对抗弹性带的阻力，进行10—15次，可做2—3组。

在进行手腕和手指关节柔韧性训练时，需注意以下几点：

（1）充分热身。在训练前可以活动手腕关节，如轻轻转动手腕，让其适应运动。

（2）循序渐进。动作要缓慢、平稳，不要突然用力或过度拉伸，以免造成手腕损伤。

（3）适度原则。不要过度追求柔韧性，避免造成手腕疼痛或不适。如果在训练过程中感到疼痛，应立即停止。

（4）坚持训练。柔韧性的提高需要长期坚持，定期进行训练才能保持和进一步提升手腕的柔韧性。

（5）劳逸结合。给手腕足够的休息时间来恢复，避免连续高强度训练。

（6）结合整体训练。手腕柔韧性训练应与桌式足球的其他技能训练相结合，以提高在实际比赛中的表现。

灵敏性素质及其训练

一、灵敏性素质概述

灵敏性素质是指人体在各种突然变换的条件下,快速、准确、协调地改变身体运动的空间位置和运动方向,以适应不断变化的外部环境的能力。

良好的灵敏性具有诸多重要意义,主要体现在以下几个方面:

(1)提升运动表现,能够让选手更迅速地对各种突发情况做出反应,如改变方向、躲避对手、抓住时机等,从而在比赛中占据优势。

(2)增强协调能力,促进身体各部位之间的协调配合,使动作更加灵敏、流畅、高效。

(3)预防运动损伤,良好的灵敏性有助于选手在复杂的运动情境中保持身体的平衡和稳定,降低受伤的风险。

灵敏性的影响因素包括:

(1)神经反应速度,大脑对刺激的快速感知和决策能力。

(2)肌肉力量和爆发力,足够的力量支持快速的动作变化。

(3)平衡和协调能力,身体各部分协同工作的能力。

(4)身体感知能力,对自身身体部位和运动状态的准确感知。

灵敏性可以通过专门的训练来提高,常见的训练方法包括变向跑、障碍跑、反应训练、绳梯训练等。

二、桌式足球灵敏素质专项训练

在桌式足球中,灵敏性素质至关重要。它能让选手迅速应对球的位置变化、对手的击球策略,并快速做出准确的反应。

以下是一些针对桌式足球的灵敏性训练方法:

(1)多向击球练习。在球台上设置多个不同方向的目标点,选手迅速将球击向指定的目标点,不断变换目标方向,以提高反应速度和手部动作的灵敏性。

(2)双人对抗模拟。与对手进行模拟比赛,对手随机改变击球策略和方向,训练自己快速适应和做出反应。

(3)设置障碍物。在模拟比赛环境中加入小型障碍物,模拟真实比赛中的阻挡和避让情况。

（4）障碍物穿越训练。练习快速、准确地穿越障碍物，提升比赛中的移动效率和应对能力。

（5）视觉追踪训练。通过观看快速移动的物体或视频，训练眼睛的追踪能力，从而提高对球速和方向变化的感知。

在进行灵敏性训练时，要注意以下几点：

（1）充分热身。充分活动身体关节，降低受伤风险。

（2）循序渐进。从简单的训练开始，逐步提高难度和复杂性。

（3）保持专注。训练过程中要全神贯注，提高反应的准确性。

（4）结合实战。将训练内容与实际比赛情况相结合，提高训练效果的实用性。

（5）劳逸结合。避免过度训练导致疲劳，影响训练质量和身体状态。

第三节 比赛心理素质训练

桌式足球，作为一种集策略、技巧与心理素质于一体的竞技运动，近年来在青少年中逐渐流行。与传统的足球运动相比，桌式足球对场地和设备的要求更低，更加便于在学校、社区等场地开展。然而，要想在桌式足球比赛中取得好成绩，除了对技术和战术的掌握外，优秀的心理素质同样重要。良好的心理素质能帮助选手在比赛中保持冷静、发挥稳定，并在关键时刻做出正确的决策。

本节将从赛前、赛中和赛后3个阶段，深入探讨如何提升桌式足球选手、爱好者以及青少年的比赛心理素质，帮助他们在比赛中保持良好的竞技表现与竞赛体验。

心理素质的基本概念

教育心理学家张大均教授认为：心理素质是以生理条件为基础的，将外在获得的东西内化成稳定的、基本的、衍生性的，并与人的社会适应行为和创造行为密切联系的心理品质，它由认知因素、个性因素和适应性因素3个方面构成。

心理学专家邢根溪教授认为：心理素质是指个体在心理过程、个性心理等方面所具有的基本特征和品质。它是人类在长期社会生活中形成的心理活动在个体身上的积淀，是一个人在思想和行为上表现出来的比较稳定的心理倾向、特征和能动性。

心理学专家刘岸英教授认为：心理素质是个体整体素质的基础。它是个体在遗传素质的基础上，通过自身努力和在外界环境与教育的作用下，所形成的比较稳定的心理特征、品质和能力等心理因素的总和。

中国全民健心网负责人肖汉仕教授认为：心理素质是在遗传基础之上，在教育与环境影响下，经过主体实践训练所形成的性格品质与心理能力的综合体现。其中的心理能力包括认知能力、心理适应能力与内在动力。对内制约着主体的心理健康状况，对外与其他素质一起共同影响主体的行为表现。

心理素质是运动员在比赛中表现稳定、应对挑战的关键。美国心理学家Jack J.Lesyk博士提出了"优秀运动员的九大心理技能（9MSSA）"模式。在他看来，真正优秀的运动员通常具备九大心理素质，而正是这些素质帮助他们达到常人所不能及的高度。这些素质包括：

（1）创造并维持积极的心态。
（2）保持高水平的自励。
（3）切合实际地设置远大的目标。
（4）高效率地处理人际关系。
（5）积极地自我对话。
（6）进行积极的想象。
（7）有效地对抗焦虑。
（8）有效地控制情绪。
（9）保持专注。

通过对Jack J.Lesyk博士创造的"优秀运动员的九大心理技能（9MSSA）"模式进行归纳分析，结合桌式足球运动的实际情况，总结出桌式足球比赛良好心理素质的训练方法，具体包括赛前心理素质训练、赛中心理素质训练与赛后心理素质训练。这些素质的培养需要通过长期的磨炼和积累。

赛前心理素质训练

一、目标设定与期望管理

（一）明确比赛目标

制定短期和长期的比赛目标，如在本次比赛中进入前几名，或在未来一段时间内提升自己的排名。目标要具体、可衡量、可实现、相关性强且有时限（SMART原则）。

举例：

（1）选手A是一位桌式足球新手，他为自己制定的短期目标是在本次社区举办的小型桌式足球比赛中进入前八名。他根据自己近一个月的训练成果，分析了过往类似比赛的成绩分布，认为只要在比赛中减少不必要的失误，发挥出正常训练水平，这个目标是可以实现的。在比赛前，他每天进行针对性的技巧练习，着重提高击球的准确性和控球能力。最终，他在比赛中稳定发挥，成功进入前八名。

（2）选手B已经有一定的比赛经验，他为自己制定的长期目标是在一年内参加省级桌式足球比赛并进入前三名。为此，他制定了详细的训练计划，包括每周的训练时长、技术提升重点以及参加热身赛的安排。他还报名参加了专业的培训课程，向更优秀的选手请教，不断完善自己的战术策略。经过不懈努力，他在省级比赛中如愿获得了第二名的好成绩。

（3）选手C给自己制定的短期目标是在接下来的两个月内，将桌式足球的射门成功率提高15%。他通过增加射门练习的次数，研究不同角度的射门技巧，并请教练给予针对性指导，最终实现目标。

（4）选手D期望在下一次的全国桌式足球锦标赛中进入前四名。他不仅加大了日常训练强度，还参加了各种高水平的交流赛，积累经验、磨炼心态、提升技巧，为实现目标全力以赴。

训练方法：

（1）设定优先级。确定最重要的目标，集中精力和资源优先实现。比如，如果提升防守能力对比赛成绩影响最大，就将其作为当前的首要目标。

（2）适度原则。目标应具有一定的难度，促使自己努力超越现有水平，但也不应过于困难，以免造成过大压力和挫败感。

（3）综合因素。除了比赛成绩，还可以设定与技术、心理、体能等方面相关的目标，全面提升自己。

（4）定期评估。每周或每月对自己的训练进展和目标达成情况进行评估，及时发现问题并调整策略。

（5）分解目标。将大目标分解为小目标，例如将进入比赛前几名的大目标分解为提升特定技术动作的准确率、提高反应速度等小目标，逐步实现。

（6）可视化目标。将目标写下来或制作成图片贴在显眼的地方，时刻提醒自己为之努力。

（二）合理调整期望

了解自己的实力和对手的情况，避免过高或过低的期望。保持积极但现实客观的态度，认识到比赛结果的不确定性。

举例：

（1）选手E一直是所在学校桌式足球队的核心成员，在参加全市校园桌式足球比赛前，他期望能带领队伍夺冠。但在比赛前夕，得知有几支外校队伍引进了专业教练和实力强劲的新队员，他及时调整期望，将目标改为进入决赛。比赛中，他带领团队稳扎稳打，最终成功闯入决赛。

（2）选手F通常在区域性的业余桌式足球比赛中能进入前十。此次参加一场高手云集的公开赛，他最初期望能进入前四名，但在比赛现场观察到对手的精湛技艺后，他将期望调整为进入前八名，并根据新的期望制定了保守稳健的比赛策略，最终获得了第七名。

（3）选手G在参加公司内部的桌式足球比赛时，原本期望能轻松夺冠。但在比赛过程中，发现有几位同事的水平远超自己的预期，他迅速调整心态，将期望降低为进入前三名。最终，他通过顽强拼搏，获得了季军。

训练方法：

（1）动态评估。在比赛前，持续对自身状态和对手表现进行评估，根据新的信息及时调整期望。

（2）设定弹性范围。不设定过于绝对的期望，而是设定一个范围，例如期望是进入前三名，但心里接受的范围可以是前四到前六名，给自己一定的缓冲空间。

（3）以过程为导向。将期望不仅仅放在最终的比赛结果上，更多地关注比赛过程中的表现和进步，这样即使结果不尽如人意，也能从过程中找到积极的方面，从而更合理地调整期望。

（4）模拟对手分析。在赛前通过观看对手比赛录像、收集对手信息等方式，更准确地评估对手实力，从而合理调整期望。

（5）心理预演。提前设想比赛中可能出现的各种情况，包括对手表现出色、自己发挥不佳等，练习在这些情况下调整期望和心态。

（6）沟通交流。倾听他人的意见和建议，从不同角度评估自己的实力和期望，做出更合理的调整。

二、模拟比赛场景

（一）练习应对压力

进行高强度的模拟比赛，包括在限时、高分差等压力条件下训练。逐渐适应比赛中的紧张氛围，提高心理承受能力。

举例：

（1）选手A在模拟比赛中，被设定了在最后3分钟内追平5分的差距。一开始他感到非常紧张和焦虑，出现了很多失误，但经过多次这样的模拟训练，他逐渐学会了在压力下保持冷静，分析局势，合理安排击球策略，最终能够在限时和高分差的压力下稳定发挥。

（2）选手B经常参加限时的模拟比赛，最初他因为时间紧迫而匆忙击球，导致准确率下降。但通过反复训练，他学会了合理分配时间，先保证击球的准确性，再追求速度，从而在限时压力下也能取得较好的成绩。

训练方法：

（1）专注当下。将注意力完全集中在当前的击球动作和球台上的局势，避免被压力带来的杂念干扰。

（2）积极地自我暗示。例如在心里告诉自己"我能行""我很冷静""这是我的机会"等，增强自信心。

（3）调整呼吸。通过深呼吸来放松身体，缓解紧张情绪，让思维更加清晰。

（4）分解任务。将巨大的压力分解为一个个小的、可管理的任务，如先追回一分，再考虑下一步。

（5）设定不同的压力情境。如限时赛、淘汰赛、与高水平对手对抗等，让自己在各种压力环境中锻炼。

（6）增加比赛的不确定性。例如在模拟比赛中突然改变规则、增加干扰因素等，培养应对突发情况的能力。

（7）团队模拟比赛。组织团队形式的模拟比赛，培养团队协作和应对压力的能力。

（二）熟悉比赛流程和规则

反复熟悉比赛的流程，包括签到、热身、入场、比赛开始和结束等环节。确保对比赛规则了如指掌，避免因违规而影响比赛心态。

举例：

（1）选手C在一次重要比赛前，由于对新的签到流程不熟悉，导致心情紧张，影响了热身效果。此后，他在模拟训练中特别注重对比赛全流程的熟悉，再也没有因为流程问题而影响比赛状态。

（2）选手D曾在比赛中因误判规则而失分，这让他非常懊恼。此后，他在每次训练中都会复习比赛规则，并与队友进行规则讨论和模拟判罚，确保在正式比赛中不会再因规则问题而犯错。

训练方法：

（1）制作流程和规则手册。将比赛流程和规则详细记录下来，随时查阅复习。

（2）角色扮演。与队友或教练进行角色扮演，模拟比赛中的各种场景，实践流程和规则的应用。

（3）视频学习。观看相关的比赛视频，注意其中的流程和规则执行细节。

（4）设立提醒标志。在训练场所张贴关键流程和规则的提醒标志，强化记忆。

（5）制作比赛流程表。将比赛的各个环节和时间节点详细列出，按照流程表进行模拟训练。

（6）规则测试和讲解。定期进行规则测试，对容易出错或混淆的规则进行重点讲解和讨论。

（7）参加模拟比赛。通过实际参加模拟比赛，检验对流程和规则的掌握程度，发现问题及时改进。

三、心理暗示与自我激励

（一）积极的自我对话

在桌式足球比赛前，学会培养用积极的语言进行自我鼓励的习惯，如"我已经做好了充分的准备""我相信自己的能力"等，取代消极的自我怀疑和批评。

举例：

（1）选手A在每次比赛前都会对自己说："我这段时间的训练很刻苦，技术有了很大提升，我一定能在比赛中发挥出色。"这种积极的自我对话让他充满信心，在比赛中能够稳定发挥。

（2）选手B在比赛中遇到连续失分的情况时，没有陷入自我否定，而是在心里告诉自己："这只是暂时的，我能调整过来，后面我会打得更好。"最终成功扭转局面。

（3）选手C在面对强大对手时，默默鼓励自己："对手虽强，但我也不差，我要展现出最好的自己。"最终他超水平发挥。

训练方法：

（1）制定个性化的积极语句。根据自己的特点和需求，编写适合自己的积极话语。比如，如果自己的防守是强项，可以说"我的防守坚不可摧"。

（2）定时进行自我对话。例如每天早晨醒来和晚上睡觉前，都对自己进行积极的心理暗示。

（3）结合动作强化。在说积极话语的同时，配合握拳、点头等有力的动作，增强效果。

（4）记录自我对话。将每天对自己说的积极话语记录下来，定期回顾，看是否对心态产生了积极影响，并不断优化。

（5）模拟场景练习。在模拟比赛或训练中，遇到困难时及时进行积极的自我对话，养成习惯。

（6）与他人分享。和队友或教练交流自己的积极自我对话，接受他们的监督和鼓励。

（二）憧憬成功场景

在桌式足球比赛前，闭上眼睛，在脑海中清晰地描绘自己在比赛中发挥出色、赢得胜利的场景，从而增强自信心和比赛动力。

举例：

（1）选手C经常在赛前想象自己在关键时刻打出一记漂亮的进球，全场观众欢呼的场景。这种想象让他在比赛中充满激情，关键时刻能够果断出手。

（2）选手D在重要比赛前，会详细地想象自己从入场、热身到比赛中的每一个精彩瞬间，包括精准的击球、巧妙的防守和最终的胜利。这种想象使他在比赛中更加专注和自信。

（3）选手E会在想象中模拟应对各种突发状况，并成功解决，从而在实际比赛中遇到类似情况时能够从容应对。

多感官参与：在想象中不仅看到画面，还听到声音，感受到情绪和身体的变化。例如，想象观众的欢呼声、击球的声音，以及胜利后的喜悦心情。

反复强化：多次重复想象成功场景，使其更加清晰和深刻。

结合实际训练：将想象中的动作和技巧在训练中实践，提高实际表现。

训练方法：

（1）设定想象时间。每天安排专门的时间进行想象训练，如15分钟。

（2）逐步增加难度。从简单的成功场景开始，逐渐增加场景的复杂性和挑战性。

（3）比赛后回顾想象。对比实际比赛与想象中的差异，调整想象内容，使其更具指导意义。

四、情绪管理技巧

（一）深呼吸和放松训练

在桌式足球比赛前，学习深呼吸的方法，通过缓慢地吸气与呼气来放松身体和思维。结合肌肉放松训练，如从头到脚依次放松身体的各个部位。

举例：

（1）选手A在比赛前因为一个热身球的失误而感到非常紧张和焦虑，他立即采用深呼吸的方法，深吸一口气，然后缓缓呼出，连续几次后，紧张情绪得到明显缓解，能够重新集中精力准备比赛。

（2）选手B在赛前感到极度紧张，心跳加速，他通过从头到脚依次紧绷和放松肌肉的方式，让身体逐渐放松下来，以更好的状态投入比赛。

训练方法：

（1）控制呼吸节奏。吸气时慢慢数到4，呼气时慢慢数到6，保持平稳的节奏。

（2）专注于呼吸感觉。将注意力集中在气息进出身体的感觉上，排除杂念。

（3）全身放松顺序。可以从头部开始，逐渐向下放松颈部、肩部、手臂、胸部、腹部、腿部和脚部。

（4）日常练习。每天安排固定的时间进行深呼吸和肌肉放松训练，如早晚各一次。

（5）比赛模拟练习。在模拟比赛中，当出现情绪波动时，及时进行深呼吸和放松训练。

（6）结合冥想。通过冥想来加深对呼吸和身体放松的感受。

（二）注意力集中训练

通过一些专注力训练方法，如冥想、数独、拼图等，提高注意力的稳定性和集中程度。在桌式足球比赛前进行简短的注意力集中练习，排除杂念。

举例：

（1）选手C平时通过冥想练习来提高专注力，在比赛中能够迅速排除外界干扰，专注于球台。

（2）选手D经常玩数独游戏，锻炼自己的思维集中能力，在桌式足球比赛中能够保持长时间的注意力集中，不被外界因素影响。

训练方法：

（1）设定时间限制。在进行专注力训练时，为自己设定一个逐渐增加的时间目标，提高耐力。

（2）创造安静环境。减少外界干扰，有助于更好地集中注意力。

（3）多元化训练方式。避免单一的训练方式，防止产生厌倦感。

（4）专项训练。每周安排几次专门的专注力训练时间。

（5）利用碎片时间。在日常生活中的碎片时间，如乘车、排队时，观察周围细节，进行简单的注意力集中练习。

（6）团队训练。通过与队友进行专注力比赛或合作训练，增加趣味性和团队合作性。

赛中心理素质训练

一、应对赛中压力

（一）保持冷静与专注

在桌式足球比赛遇到困难局面时，提醒自己保持冷静，专注于当下的球局，而不是过分担忧结果。

举例：

（1）选手A在一场重要的桌式足球比赛中，比分一度落后很多，但他不断告诫自己要冷静，专注于每一个球的处理。最终，他凭借稳定的发挥，逐渐缩小了比分差距。

（2）选手B在比赛中面对对手的猛烈进攻，始终保持冷静，仔细观察对手的击球路线和节奏，成功找到了防守漏洞并进行反击。

训练方法：

（1）心理暗示法。在心里默念"冷静、专注"等关键词，提醒自己保持良好的心态。

（2）短暂停顿。在感到压力过大时，给自己几秒钟的停顿时间，调整呼吸和思绪。

（3）注意力转移。将注意力从比分和结果转移到球的运动轨迹、击球技巧等具体操作上。

（4）压力情境模拟训练。设置比分落后、时间紧迫等高压场景进行训练，提高应对能力。

（5）专注力训练游戏。如通过打地鼠、接球等游戏锻炼专注力。

（6）录像分析与反思。观看自己在比赛中的录像，分析在压力下的表现，总结经验教训。

（二）控制情绪波动

在桌式足球比赛中避免因得分或失分而过度兴奋或沮丧，保持情绪的平稳。学会快速调整情绪，不让上一个球的结果影响到下一个球的发挥，不让一场比赛的失利影响整个赛事的结果。

举例：

（1）选手C在得分后没有过度兴奋，而是迅速准备迎接对手的下一次进攻。在失分后，也只是深呼吸一下，就马上投入到下一轮的对抗中。

（2）选手D原本因为连续失分而情绪低落，但他通过自我调节，很快恢复了平静，重新找回了比赛节奏，实现了比分的反超。

训练方法：

（1）情绪识别。学会及时察觉自己的情绪变化，在情绪刚出现波动时就进行干预。

（2）情绪释放。通过适当的方式，如小声呐喊、挥拳等，在短时间内释放情绪，然后迅速回归平静。

（3）思维转换。将失分看作学习和改进的机会，而不是失败的象征。

（4）情绪管理课程学习。参加专门的情绪管理课程，学习相关知识和技巧。

（5）交流分享。与队友互相交流在比赛中控制情绪的经验和方法。

（6）模拟比赛中的情绪挑战。在模拟比赛中，故意制造情绪波动的场景，进行针对性训练。

二、应对突发情况

（一）处理意外失误

在桌式足球比赛中，当出现意外失误时，不要陷入自责，而是迅速分析原因，调整策略。把失误看作比赛的一部分，从中吸取教训。

举例：

（1）选手A在比赛中不小心将球打入了自己的球门，他没有过分懊恼，而是迅速思考是自己的击球力度过大还是角度没掌握好，接下来的比赛中他更加谨慎，避免了类似的失误。

（2）选手B因手滑导致未能成功击球，错失得分机会，但他马上调整心态，告诉自己这只是个意外，后续比赛中更加专注手部的动作，减少了失误的发生。

训练方法：

（1）自我安慰。告诉自己"每个人都会失误，重要的是如何应对"。

（2）快速复盘。在失误后的瞬间，迅速在脑海中回顾失误的过程和原因。

（3）保持积极心态。相信自己能够弥补失误带来的影响。

（4）故意制造失误训练。在训练中故意制造一些失误场景，锻炼应对能力。

（5）失误分析讨论。与教练和队友一起分析自己的失误，寻找改进方法。

（6）心理抗压训练。通过承受一定的压力和挫折，提高在失误后的心理恢复能力。

（二）应对对手的干扰

在桌式足球比赛中，不被对手的言语、表情或动作所干扰，保持自己的比赛节奏。学会以积极的心态看待对手的策略，将其视为挑战而非威胁。

举例：

（1）选手C在比赛中，不断遭到对手言语挑衅，但他充耳不闻，专注自己的比赛策略，最终赢得了比赛。

（2）选手D面对对手故意做出夸张的庆祝动作来干扰自己，他微微一笑，不受影响，继续按照自己的节奏比赛。

训练方法：

（1）专注力训练。通过专门的专注力训练，提高在干扰下集中注意力的能力。

（2）心理隔离。在心中为自己构建一个"心理屏障"，将对手的干扰隔离在外。

（3）换位思考。理解对手的干扰是为了影响自己，从而更加坚定保持冷静的决心。

（4）模拟干扰训练。在训练中安排队友模拟对手的干扰行为，进行适应性训练。

（5）录像分析。观看有干扰情况的比赛录像，分析自己和他人的应对方式。

（6）心理暗示练习。在受到干扰时，不断给自己积极的心理暗示，如"我不会受影响"。

三、保持自信与坚定

（一）信任自己的能力

在桌式足球比赛中，无论比赛形势如何，都要坚信自己经过训练所具备的能力。回忆过去的成功经验，增强自信心。

举例：

（1）选手A在比赛中一度处于劣势，但他始终相信自己的击球技巧和战术策略，不断寻找机会反击。最终，他成功扭转局势，赢得比赛。

（2）选手B在面对实力强劲的对手时，没有怯场，而是坚信自己日常训练的成果，稳定发挥，取得了不错的成绩。

训练方法：

（1）能力清单。列出自己在桌式足球方面的优势和特长，时常回顾。

（2）积极回忆。定期回忆过去比赛中的成功时刻和出色表现。

（3）自我肯定。每天对自己的训练与进步进行肯定和鼓励。

（4）能力展示训练。在训练中专门设置环节展示自己的优势能力，增强自信。

（5）设立成就墙。将自己的比赛成就和荣誉展示出来，时刻激励自己。

（6）与信任的人交流。和教练、队友或家人分享自己的能力和进步，获取他们的肯定和支持。

（二）坚持既定策略

在桌式足球比赛中不要轻易被对手打乱节奏，坚持赛前制定的策略。根据比赛实际情况进行灵活调整，但不盲目改变。

举例：

（1）选手C在比赛中严格按照赛前制定的防守反击策略进行比赛，即使对手试图引诱他改变策略，他也不为所动，最终成功抓住对手的破绽，实现反击。

（2）选手D在比赛过程中，根据场上形势对策略进行了微调，比如在对手体力下降时加强进攻，最终取得了胜利。

训练方法：

（1）策略熟悉度训练。反复熟悉和演练赛前制定的策略，使其成为本能反应。

（2）情景模拟。针对可能出现的各种比赛情况进行策略模拟训练，提高应对能力。

（3）决策速度训练。在训练中设定时间限制，要求快速做出策略调整的决策，培养果断性。

（4）策略复盘。比赛后对策略的执行情况进行复盘，总结经验教训。

（5）团队策略讨论。与队友一起讨论策略，集思广益，完善策略体系。

（6）对抗训练。通过与不同风格的对手进行对抗训练，检验和优化策略。

四、心理调节方法

（一）暂停与休息调整

在桌式足球比赛中场休息或暂停期间，利用休息时间，回顾上半场的表现，总结经验教训，进行简短的放松和恢复，调整心态和体力。

举例：

（1）选手A在上半场表现不佳，中场休息时，他冷静地回顾自己的失误，发现是因为过于急躁导致击球准确率下降。下半场，他调整心态，放慢节奏，发挥出色。

（2）选手B上半场体力消耗较大，中场休息时，他通过深呼吸和简单的拉伸放松身体，补充水分，下半场重新充满活力。

训练方法：

（1）重点分析。快速确定场上最需要改进的一两个方面，集中思考解决方案。

（2）情绪清零。把场上的负面情绪抛在脑后，以全新的心态迎接下半场。

（3）制定计划。根据之前的比赛情况，明确接下来的比赛战术和目标要求。

（4）模拟暂停与休息训练。在训练中设置中场休息环节，进行实战演练。

（5）时间管理训练。规定中场休息的时间，训练在有限时间内完成心理和身体的调整。

（6）录像分析训练。通过观看录像，分析暂停与休息前后的表现差异，不断优化调整方法。

（二）比分落后时的心态调整

在桌式足球比赛中，要保持积极的心态，相信自己有能力追分。分析落后的原因，调整战术，寻找对手的弱点。

举例：

（1）选手C在比分大幅落后的情况下，没有放弃，积极调整心态，鼓励自己"每一个球都是机会"，通过观察对手，发现其防守右侧的漏洞，集中进攻，成功缩小比分差距。

（2）选手D落后时，没有慌乱，而是与队友一起分析战术问题，改变进攻策略，最终实现反超。

训练方法：

（1）正向思考。把落后看作挑战和证明自己的机会，而不是失败的象征。

（2）分解追分目标。将需要追的分数分解成一个个小目标，逐步实现。

（3）保持冷静。避免因急于追分而出现盲目进攻等错误。

（4）落后情境模拟训练。在训练中故意制造比分落后的情况，进行心态和战术调整训练。

（5）案例学习。研究其他选手在比分落后时成功逆转的案例，学习经验。

（6）心理暗示训练。在比分落后时，不断给自己积极的心理暗示，如"我能行，我可以追回来"。

赛后心理素质训练

一、比赛结果评估

（一）客观分析比赛表现

对桌式足球比赛中自己的优点和不足进行全面、客观的赛后分析，参考比赛录像，听取教练和队友的意见。

举例：

（1）选手A在比赛结束后，通过观看比赛录像发现自己在进攻时过于急躁，导致多次错失良机；同时，队友也指出他在防守时的站位不够灵活。他认真总结这些问题，为后续训练找到了重点。

（2）选手B比赛后积极向教练请教，教练根据他的比赛表现，指出他在处理关键球时不够果断，并且体力分配不合理。选手B虚心接受，并制订了改进计划。

训练方法：

（1）多角度分析。从技术、战术、心理等多个角度评估自己的表现。

（2）数据统计。记录比赛中的关键数据，如击球准确率、得分效率等，进行定量分析。

（3）对比分析。将自己的表现与优秀选手或自己以往的比赛进行对比，找出差距。

（4）定期复盘比赛。每周或每月对近期的比赛进行集中复盘分析。

（5）建立比赛档案。将每次比赛的情况详细记录下来，包括对手信息、比赛过程、总结反思等，形成自己的比赛成长档案。

（6）寻求专业指导。请教专业的桌式足球教练或分析师，获取更深入的评估和建议。

（二）总结经验教训

无论是胜利还是失败，都要从中总结有价值的经验和教训。思考如何在未来的桌式足球比赛中避免同样的错误，发挥自身优势，做到取长补短。

举例：

（1）选手C在一次胜利的比赛中，总结出团队协作和稳定心态是获胜的关键。在之后的训练中，他更加注重与队友的配合，并进行心理素质的强化训练。

（2）选手D经历了一场失败的比赛，他认识到自己在应对压力时容易紧张，导致技术动作变形。此后，他加强了压力训练，提高了自己的抗压能力。

训练方法：

（1）分类总结。将经验教训按照不同的主题进行分类，如技术、战术、心理等，便于系统地整理和记忆。

（2）深度思考。不仅仅停留在表面的问题，更要深入挖掘背后的原因和本质。

（3）制订行动方案。针对总结出的问题，制定具体的、可操作的改进方案。

（4）经验分享会。与队友定期举行经验分享会，互相学习和借鉴。

（5）设立改进目标。为自己设定明确的改进目标，并在一定时间内进行检验和调整。

（6）跟踪评估。对总结出的经验教训在后续比赛中的应用效果进行跟踪评估，不断完善。

二、情绪释放与调整

（一）庆祝胜利与接受失败

在获得桌式足球比赛胜利时，可以进行适度庆祝，分享喜悦，但不骄傲自满。失败时，允许自己感受失落和沮丧，但不过分沉溺其中。

举例：

（1）选手A在赢得一场重要比赛后，与队友们一起简单地庆祝，但很快就投入到后续的训练中，准备迎接更大的挑战。而选手B在输掉比赛后，虽然情绪低落，但能够在短时间内调整好心态，分析失败原因。

（2）选手C获胜后，在社交媒体上分享了自己的喜悦，但同时也表示会继续努力提升。选手D遭遇失败后，给自己一天的时间去调整心态，告诉自己，人生是允许有容错率的，然后坚定地重新振作起来。

训练方法：

（1）设定庆祝限度。在胜利时，提前设定好庆祝的方式和时间，避免过度兴奋影响后续状态。

（2）心理转换。失败后，迅速将注意力从结果转移到过程中的收获和改进方向上。

（3）保持谦逊。胜利时提醒自己还有进步的空间，失败时告诉自己这是成长的机会。

（4）模拟胜利和失败场景训练。在训练中模拟不同的比赛结果，练习相应的情绪反应和调整方式。

（5）与心态良好的选手交流。向他们学习如何正确对待胜利和失败的经验。

（6）赛后心得。每次比赛后，写下自己在情绪方面的感受和调整过程，进行自我监督和反思。

（二）释放压力与负面情绪

在桌式足球比赛后，可以通过运动、倾诉、听音乐等方式释放比赛带来的压力和负面情绪，保持心理的平衡和健康。

举例：

（1）选手E在比赛后感到压力巨大，选择去跑步和游泳，在运动中释放了压力，心情得到了明显改善。选手F则会找朋友倾诉比赛中的不如意，在朋友的安慰和建议下，重新找回自信。

（2）选手G喜欢在赛后听一些舒缓的音乐来放松心情，让自己从紧张的比赛氛围中解脱出来。选手H会通过写日记的方式，把内心的负面情绪宣泄出来。

训练方法：

（1）找到适合自己的方式。尝试多种情绪释放的方法，找到最适合自己的那一种。

（2）定期释放。养成定期释放压力和负面情绪的习惯，避免情绪积压。

（3）结合多种方式。可以同时采用多种方式，如运动后听音乐，增强效果。

（4）建立情绪释放计划。根据比赛安排，提前制订情绪释放计划。

（5）参加心理辅导课程。学习更专业的情绪管理和释放技巧。

（6）营造良好环境。为自己创造一个有利于情绪释放的环境，如舒适的运动空间，可以释放内心压力的安静角落等。

三、保持学习与进步的心态

（一）持续学习与改进

通过桌式足球比赛，认识到自己的不足之处，制订针对性的训练计划。不断学习新的桌式足球技巧和战术，提升自己的综合实力。

举例：

（1）选手A发现自己在防守时对旋转球的处理不够熟练，于是专门针对这一问题进行大量的练习，并请教教练改进方法，最终在比赛中成功应对了对手的旋转球攻击。

（2）选手B积极参加各类桌式足球培训课程和研讨会，学习最新的战术理念，并将其融入自己的比赛中，取得了显著的进步。

训练方法：

（1）定期自我评估。每周或每月对自己的技术和战术进行全面评估，找出薄弱环节。

（2）跟踪行业动态。关注桌式足球领域的最新发展和趋势，及时学习新的知识。

（3）跨领域学习。从其他运动项目或相关领域中汲取有益的经验和技巧。

（4）制定学习计划。根据自我评估结果，制定详细的学习和训练计划，明确目标和步骤。

（5）参加交流活动。与其他桌式足球爱好者交流经验，互相学习。

（6）建立学习小组。与队友或志同道合的人组成学习小组，共同学习和进步。

（二）培养坚韧的毅力

通过桌式足球比赛，学会勇敢面对挫折和困难，不轻易放弃，坚持不懈地追求进步。将失败视为成长的机会，激发斗志。

举例：

（1）选手C在多次比赛中成绩不佳，但他没有灰心，而是更加刻苦地训练，不断调整心态，最终在一次重要比赛中获得了好成绩。

（2）选手D经历了比较严重的伤病，但凭借坚韧的毅力进行康复训练，重新回到桌式足球赛场，并在后续的比赛中表现出色。

训练方法：

（1）设定小目标。将大的目标分解为一个个容易实现的小目标，增强成就感和自信心。

（2）自我激励。在遇到困难时，通过回忆自己的初心和目标来激励自己坚持下去。

（3）心理暗示。告诉自己"我可以克服困难""坚持就是胜利"等积极的话语。

（4）挑战极限训练。定期进行超越自己能力范围的训练，锻炼毅力。

（5）阅读励志书籍和故事。从他人的经历中汲取坚韧不拔的精神力量。

（6）建立监督机制。请教练、队友或家人监督自己，在自己想要放弃时给予鼓励和鞭策。

心理素质训练结语

在桌式足球比赛中，良好的心理素质是取得优异成绩的关键因素之一。通过一系列的心理素质训练，选手能够在应对比赛压力、保持自信、管理情绪等方面取得显著的进步。

首先，在目标设定与期望管理方面，选手学会了制定明确、具体且符合实际的目标。能够根据自身的实力和比赛情况，合理调整期望，避免了因过高或过低的期望带来的心理负担。通过实例分析和训练，选手能更加清晰地认识到目标的重要性，并掌握如何根据不同阶段和比赛条件来设定与调整目标。

在模拟比赛场景的训练中，选手有效地锻炼了应对压力的能力，且熟悉了比赛流程与规则。通过设定各种高压情境，如限时、高分差等，选手逐渐适应了比赛中的紧张氛围，提高了心理承受能力。同时，对比赛流程和规则的深入熟悉，减少了因不了解而产生的焦虑和失误。

心理暗示与自我激励的训练，让选手学会了用积极的自我对话和想象成功场景来增强自信心与比赛动力。在实际比赛中，这些技巧帮助选手在面对困难时保持积极的心态，发挥出更好的水平。

情绪管理技巧的训练使选手能够更好地控制情绪波动，在比赛中保持冷静和专注。通过深呼吸、放松训练以及注意力集中训练等方法，选手能够快速调整情绪，将注意力集中在比赛上，避免了因情绪失控而影响比赛表现。

在应对突发情况的训练中，选手掌握了如何处理意外失误和应对对手的干扰。通过案例分析、训练技巧的学习和实际训练，选手提高了在突发情况下的应变能力和心理稳定性。

保持自信与坚定的训练让选手始终相信自己的能力，并坚持既定策略。学会了在比赛中不受外界因素影响，保持自信的心态，同时根据比赛实际情况灵活调整策略。

在比赛结果评估方面，选手能够客观地分析比赛表现，总结经验教训，为今后的比赛和训练提供了有价值的信息。

总体而言，通过这一系列的心理素质训练，选手在桌式足球比赛中的心理素质能够得到一定的提升。然而，桌式足球比赛中的心理素质训练是一个长期而系统的过程，需要选手在赛前、赛中和赛后都保持高度的自我意识与积极的心态调整。通过目标设定、模拟训练、心理暗示、情绪管理等方法，选手能够更好地应对比赛中的各种压力和挑战，发挥出自己的最佳水平。同时，赛后的总结、情绪释放和持续学习，能够帮助选手不断成长和进步，在未来的比赛中取得更优异的竞赛表现与竞赛成绩。

心理素质训练思维导图

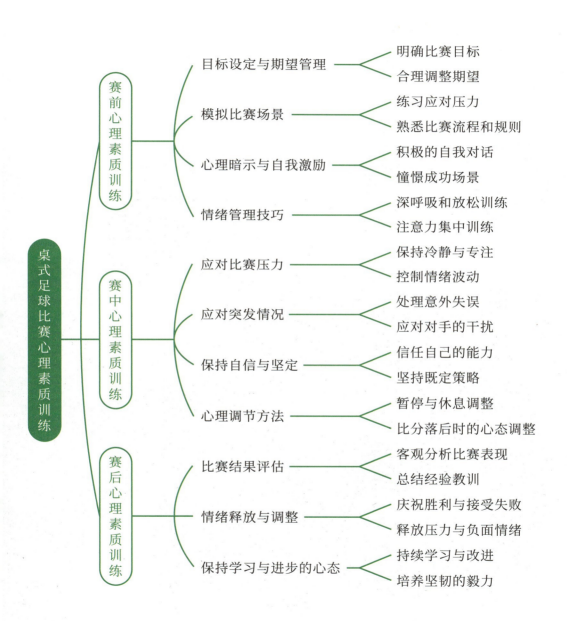

121

第五章
桌式足球常用战术

第一节 进攻战术
第二节 防守战术

桌式足球战术是指在比赛中为战胜对手或为表现出理想的竞技水平而采取的计谋和行动。它是选手竞技能力整体水平的重要构成部分，也是桌式足球比赛中不可或缺的一部分。桌式足球战术的目标是破坏对方的节奏和计划，让自己的计划得以实施。

在桌式足球比赛中，选手需要对对手的战术和风格进行分析与研究，了解对方的强点和弱点，并制定相应的战术。同时，在比赛中根据比分和场上形势随时进行调整，灵活变换战术，以获取胜利。因此，具备良好的战术素质是一名桌式足球选手不可或缺的能力。本章将详细介绍桌式足球进攻战术和防守战术。

本章提到的长传是指二人杆传球给三人杆；短传是指二人杆传球给五人杆，或五人杆传球给三人杆。

第一节 进攻战术

进攻战术在桌式足球中的作用非常关键，它可以帮助选手在比赛中取得优势和得分。进攻战术的主要作用通常包括以下几个方面：

（1）创造得分机会。这是最直接和关键的目标。通过有效的进攻战术安排，创造出有利的得分机会，将球送入对方球门，以获得比赛的胜利。

（2）打破对方防守体系。打乱对方的防守布局，使其出现漏洞和失误，从而为己方创造更多的进攻空间和机会。

（3）控制比赛节奏。通过积极主动的进攻，掌握比赛的主动权，控制比赛的节奏和进程，让对方选手处于被动应对的状态。

（4）消耗对方体力和精力。持续的进攻压力能迫使对方不断进行防守移动和对抗，从而消耗他们的体力和精力，影响其后续的防守表现。

（5）提升士气和信心。成功的进攻能够鼓舞选手本人或己方队员的士气，增强团队的信心和凝聚力，使整个队伍在比赛中更具斗志和战斗力。

（6）增加对方心理压力。不断的进攻威胁会给对方选手造成心理压力，导致他们在防守时出现紧张、焦虑等情绪，进而影响其发挥。

每一种运动都有着独特而精彩的进攻之道。然而，进攻战术并非一成不变的套路，而是随着对手的变化、比赛的进程以及时代的进步而不断演进和创新。在这个瞬息万变的时代，只有深入研究、灵活运用并不断创新进攻战术，才能在激烈的竞争中脱颖而出，赢得胜利的荣耀。

进攻战术的运用需要选手具备良好的技巧、快速的决策能力和对比赛的深刻理解。通过不断练习和观察，选手可以提高自己的进攻效率和战术运用能力。

本节将从快、准、狠、变4个方面介绍桌式足球进攻战术。

进攻战术·快

"快"是桌式足球战术的突出特点之一。球速快、进攻速度快、攻防转换快等都在体现着桌式足球的速度快。因此进一步提高快攻的速度仍然是桌式足球技术发展的趋势之一。

快攻是一种非常有效的进攻策略,具有以下重要意义:

(1)出其不意。快攻能够在对方防守尚未完全组织好时迅速发起进攻,打对手一个措手不及,增加得分的成功率。

(2)提高得分效率。由于对方防守未就绪,进攻方可以更轻松地突破防线,减少了在阵地进攻中面临的强硬防守和复杂战术对抗,从而提高得分效率。

(3)掌控比赛节奏。通过频繁的快攻,可以迅速改变比赛的节奏,让对手难以适应,从而使己方掌控比赛的主动权。

(4)增加进攻选择。快攻丰富了球队的进攻手段,让对手难以预测和防范,为阵地进攻创造更有利的条件。

(5)消耗对方精力。对方需要快速回防,频繁的高度集中防守会加速消耗他们的精力、体力,影响其后续的防守质量。

快攻主要分为发球快攻、传球快攻、运球快攻、传球与射门结合快攻。

发球快攻

发球快攻是指在执行发球程序后,在合理范围内进行直接射门或传球的无缝衔接配合。其特点主要包括:

(1)速度快。在短时间迅速完成进攻,让对手来不及组织有效的防守。

(2)突然性强。出其不意,使对方防守难以做出及时反应。

动作分解:

(1)将球放在发球人偶脚旁,同时观察对方选手五人杆人偶位置以及对方选手球门区防守阵型,提前确认发球动作及出球路线。

(2)询问对方选手:"准备好了吗?"或"Ready?"

(3)当对方选手回应"准备好了"或"Ready""Go"后,选手第一时间执行发球程序,并将球踢出,即运三下球后直接射门。

因此选手的发球速度和准确性十分重要,在进行发球快攻时,要注意以下几个

示意图

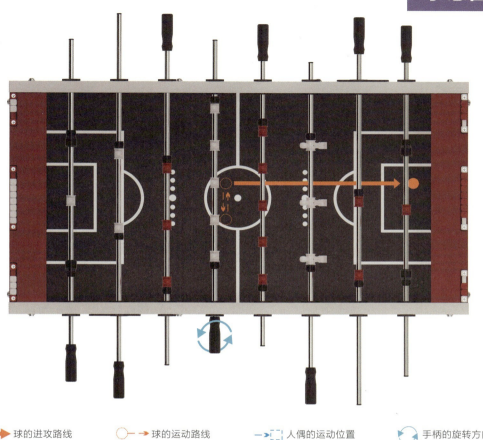

→ 球的进攻路线　　○→ 球的运动路线　　--▷[] 人偶的运动位置　　↻ 手柄的旋转方向

方面：

（1）快速发球。发球时，选手要迅速、准确地将球发出，减少发球准备时间，让对手来不及组织有效的防守。

（2）观察防守方选手的防守阵型。发球前观察防守方选手的球门区（防守区）阵型，选择最优路线，将球发到有利于队友接球并展开快攻的位置或直接射门。

（3）果断发球。发球时一旦确定了发球的动作和路线，就要果断执行。

（4）发球假动作。通过发球假动作迷惑防守方选手以此达到掩护目的，为真正的发球创造更好的条件。

扫码观看视频教学

传球快攻

传球快攻是指获得球权后，迅速通过准确、及时、有效的传球，以最快的速度将球推进至前场，创造出有利的进攻机会。其特点主要包括：

（1）简洁直接。传球路线相对简单直接，减少复杂的传导，争取以最快的方式抵达前场。

（2）协调配合。单打比赛中需要选手的左右手协调，双打比赛中需要队友之间的默契配合，包括准确的传球和及时的接球。

传球快攻常见的战术类型：长传快攻、短传结合运球快攻。

动作分解：

（1）将球运到二人杆的远端。

（2）二人杆原地发力（渗透性传球），将球传至三人杆远端人偶。

（3）三人杆远端人偶利用一拉一射的技巧立即射门。

因此，选手的传球路线与选择十分重要，在进行传球快攻时，要注意以下几个方面：

（1）准确判断。迅速且准确地判断场上防守方选手的防守阵型，选择好传球路线。

（2）隐蔽性传球。通过眼神或假动作等迷惑防守方选手，使传球更具突然性，增加传球的成功率。

（3）传球力度和角度。根据防守方选手以及传球距离控制好传球的力度和角度，确保前场能够顺利地接到球。

（4）假传配合。做出传球假动作，使防守方选手对传球点与传球路线做出错误判断，然后将球传至前场。

扫码观看视频教学

示意图

示例：长传快攻（二人杆传三人杆）

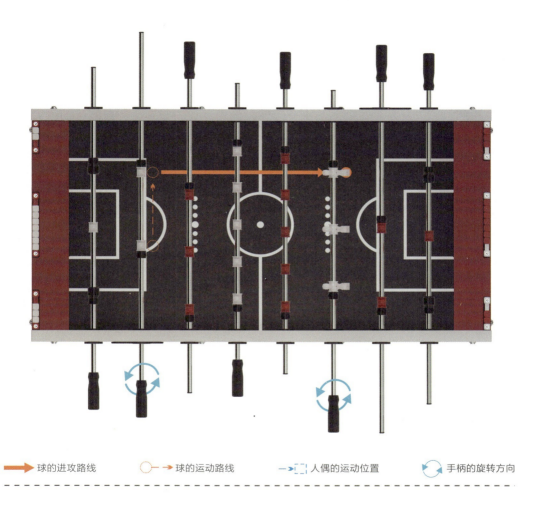

运球快攻

运球快攻是指进攻方选手在获得球权后，迅速通过个人运球技巧快速推进，在对方选手还没反应过来之前发起进攻，以此创造出良好的得分机会。其特点主要包括：

（1）个人能力要求高。选手需要良好的控球技术，能够在变速运球中保持对球的控制。

（2）机会转瞬即逝。需要选手能够迅速做出决策，判断是进攻还是传球给前场。

示例：三人杆各个人偶间的滴答运球，利用运球的节奏变化与方位的改变迷惑防守方的同时抓住防守漏洞，从而进行射门进攻。

因此选手的运球节奏与方式十分必要，在进行运球快攻时，要注意以下几方面：

（1）控制节奏。选手要根据场上情况合理控制推进速度，既要快，又要保持对球的稳定控制，避免盲目加速运球导致失球。

（2）观察防守。随时留意防守方选手的防守阵型变化，选择合适的射门或传球时机。

（3）变向与变速。运用突然的变向和变速，打乱防守方选手的防守节奏。

（4）控制好球。在改变运球节奏时，要将球控制在自己可控范围内，以免因变速而导致丢球。

（5）提前判断。要对对方的防守变化提前作出预判，做好应对准备，出现丢球时，也可第一时间做好防守准备。

扫码观看视频教学

示意图

示例：三人杆推拉推射

➡ 球的进攻路线　　○→ 球的运动路线　　—▶[ ] 人偶的运动位置　　↻ 手柄的旋转方向

传球与射门结合快攻

传球与射门结合快攻是指选手迅速组织起高效、快速的进攻，通过精准、迅速的传球将球推进到前场，然后根据防守方的防守阵型灵活地选择射门方式，以达到出其不意、快速得分的目的。其特点主要包括：

（1）简洁高效。进攻线路相对直接，传球次数较少，以最快的方式将球推进到三人杆。

（2）对选手能力要求高。在单打比赛中，对选手的传球精准度、力量控制、射门的技巧和把握时机的能力都有一定的要求。双打比赛中，对选手的能力要求除了传球和射门能力外，团队协作的默契度也是需要的。队员之间需要有良好的默契和精准的预判，传球者要准确找到合适的传球路线，接球者也要能迅速做出反应。

（3）空间利用充分。选手要善于利用防守方的防守空当与漏洞，迅速撕开对方的防线。

示例："二传三"射门技术。二人杆传三人杆成功后，对手没来得及反应做出防守，进攻选手可以快速地将球运至有空当的地方发力射门。

动作分解：

（1）将球运到二人杆的远端。

（2）二人杆原地发力（中点传球），将球传至三人杆远端人偶。

（3）三人杆远端人偶利用一拉一射的技巧立即射门。

因此选手传接球与射门的衔接配合能力十分重要，在进行传球与射门结合快攻时，要注意以下几方面：

（1）快速传球。一旦获得球权，不要过多运球，立即将球传至前场；在长传中，利用精准长传，快速将球通过对方防守薄弱区域传至前场。

（2）传球选择。传球路线尽量简洁，避免复杂的传递，减少失误。

（3）观察对手，留意防守漏洞。注意观察防守方的防守阵型，寻找防守的漏洞和空当。

（4）射门时机。当三人杆持球，有射门机会时，要果断"抬脚"射门，不要犹豫；也可假射真传，在面对防守时，可以做出射门的假动作，然后将球传至前场。

（5）战术变化。根据场上的实际情况，及时调整战术，如改变传球路线、射门方式或进攻重点区域。

示意图

示例:"二传三"射门技术

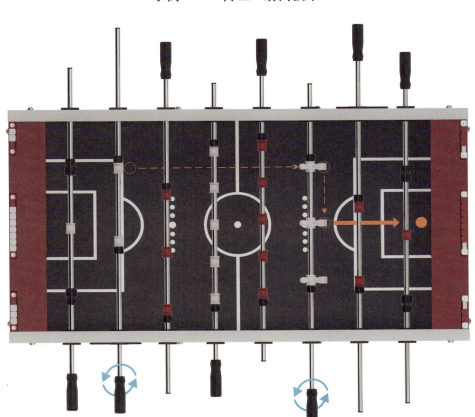

 球的进攻路线　　 球的运动路线　　 人偶的运动位置　　 手柄的旋转方向

扫码观看视频教学

进攻战术·准

"准"是桌式足球战术的必要条件之一。桌式足球要求在比赛中运用技术、战术的准确性，准确性不仅仅表现为技术运用的准确性，更为重要的是思维判断的准确性。保证思维判断和技术运用的准确性及一致性，才能确保下一步快速地行动。

精准进攻是指选手通过极其准确和有效的方式来组织进攻，以达到突破对方防线并创造得分机会的目的。精准进攻具有以下重要意义：

（1）创造更多的良机。准确的传球和射门选择能够避开对方的密集防守，在关键时刻找到最佳的进攻路线，增加进球的可能性。

（2）打破密集防守。防守方选手常常采用密集防守战术，精准攻击可以找到防守的漏洞和空当，有效地突破防线。同时以防守方难以预测的进攻方向和方式，破坏他们的防守体系和节奏，增加其防守的难度。

（3）减少失误风险。相比于盲目或随意的进攻，精准攻击能够降低传球失误、被抢断等风险，减少对方反击的机会。

（4）掌控比赛节奏。精准的进攻可以控制球权的流动和比赛的节奏，使选手占据主动，让防守方跟着自己的节奏疲于防守。

精准进攻主要分为传球精准、射门精准以及战术执行精准。

传球精准

传球精准是指选手在传球时能够将球以准确的方向、合适的力量以及恰当的时机传送到预期的目标位置，使前场能够轻松、有效地控制住球，并有利于后续的进攻或战术配合。其特点主要包括：

（1）方向准确。传球能够按照选手预期的方向准确到达目标位置，使前场能够轻松地接到球，而无需进行大幅度的位置调整。

（2）力量适中。传球的力量恰到好处，既不会过强导致前场接球时难以控制，也不会过弱而无法到达预定的位置。

（3）时机恰当及隐蔽性好。能够在最合适的瞬间将球传出，并且传球动作具有一定的隐蔽性，不容易被防守方选手提前预判和拦截。

（4）适应多种情况。无论是短传、长传、直传还是斜传，都能保持较高的精准度，以适应不同的战术需求和比赛场景。

示意图

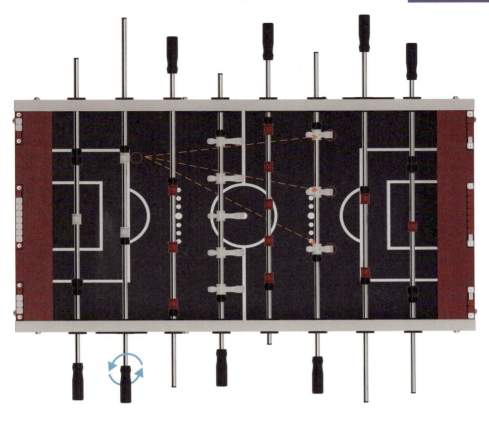

→ 球的进攻路线　　⚪→ 球的运动路线　　→[_] 人偶的运动位置　　↻ 手柄的旋转方向

因此选手对球的控制、空间感知以及传球技巧的掌握度都是十分必要的，并且要注意以下几方面：

（1）观察与预判。时刻观察防守方人偶位置、移动方向与速度，在双打比赛中要观察队友，预判队友的接球意图，提前准备传球。

（2）传球部位与力量的选择。根据传球的距离和要求，选择合适的击球部位与技巧。同时考虑传球的距离，调整传球的力量。

（3）传球路线规划。选手需要避开防守方防守区域，选择空当较大的路线传球。

（4）假动作配合。传球前可使用假动作迷惑防守方，使其难以判断传球方向。

射门精准

射门精准是指选手在射门时能够准确地把握方向、力量和时机，将球射向预期的目标位置，从而提高进球成功率。其特点主要包括：

（1）准确性。这是最核心的特点，能够以极高的概率将球准确地射向预想的位置。

（2）稳定性。在不同的比赛场景，面对不同的防守压力时，都能保持稳定的射门精准度。

（3）隐蔽性。射门动作不易被防守方选手察觉，让防守方选手难以提前做出有效的防守动作。

（4）应变能力强。可以根据防守方选手防守阵型情况以及球的运行状态，迅速调整射门的方式和方向。

（5）时机把握精准。善于在瞬间的机会中果断起脚，不给防守方反应的时间。

因此，精准的射门大多数意味着进球得分，在此要注意以下几方面：

（1）观察。观察防守方选手的防守节奏，选择防守薄弱点进攻。

（2）假动作迷惑。运用假射、人偶运球等假动作来迷惑防守方，令其做出错误的判断和动作，为精准射门创造机会。

（3）把握射门时机。在防守方尚未完全封堵，守门员失去最佳位置时果断射门。

示意图

示例:同一个点位的射门路线

→ 球的进攻路线　　◯→ 球的运动路线　　→▭ 人偶的运动位置　　↻ 手柄的旋转方向

战术执行精准

战术执行精准是指在比赛中选手能够严格、准确、高效地按照预先制定的战术计划和策略来实施行动，将战术理念和设计在实际操作中完美呈现，最大限度地减少偏差和失误，以实现战术目标的理想状态。其特点主要包括：

（1）战术执行一致性。选手严格遵守教练制定的战术纪律，不擅自改变战术安排，不凭个人喜好随意发挥。

（2）攻防转换迅速。选手能在由攻转守和由守转攻时，快速、准确地切换战术模式，选手迅速到位执行相应的任务。

（3）应对变化灵活。在比赛中面对对手战术的调整或突发情况，能够灵活调整但仍保持战术执行的精准性，不出现混乱。

（4）专注度高。选手在比赛中全神贯注，不受外界因素干扰，始终专注于精准执行战术，始终以实现预定的战术目标为导向，所有的行动和决策都围绕着达成这一目标展开。

在制定战术时，通常需要考虑以下因素：

（1）技术特点。了解选手自身以及对手擅长的技术、技术上的短板，制定能发挥选手自身优势、避开劣势，同时克制对手的战术。

（2）比赛类型规则。单打比赛中更注重个人技术和战术的运用，双打比赛则需要考虑队友之间的配合和轮转，规则的更改也需要在战术制定时，进行相应更改。

（3）心理因素。考虑选手自身和对手在比赛中的心理状态，制定有助于增强自信心、稳定情绪和干扰对手心理的战术。

战术的制定和执行是相互关联、相辅相成的，它们共同影响着比赛的最终结果。战术的制定是执行的基础和前提。在制定战术时，需要综合考虑各种因素，如对手的情况、选手自身的优势和劣势、比赛的环境等，以确定最有可能取得成功的策略和计划。良好的战术制定能够提供清晰的方向和目标，为执行阶段提供指导。战术的执行则是将制定好的战术转化为实际行动。即使战术制定得再完美，如果在执行过程中出现偏差或不到位，也难以达到预期的效果。成功地执行需要团队或个人具备相应的技能、协作能力、适应能力和纪律性。

同时，战术的执行情况也会反过来影响战术的制定。通过对执行过程的观察和评估，可以发现战术中存在的问题和不足，从而对其进行调整和改进，以便在未来的比赛或行动中更好地发挥作用。

因此战术执行的精准是十分必要的，需要注意以下几方面，以便有助于实现战术执行的精准性。

（1）充分理解战术。教练在赛前和训练中要详细讲解战术的意图、流程的具体任务，确保选手从思想上完全理解。

（2）针对性训练。进行模拟比赛场景的专项训练，让选手在反复练习中熟悉战术的各个环节和应对策略。

（3）沟通与反馈。选手与教练在比赛中保持及时、清晰的沟通。比赛后进行总结和反馈，指出战术执行中的优点和不足。

（4）观察对手。赛前研究对手的特点和习惯，比赛中实时观察对手的战术布置和变化，以便及时调整自身战术执行方式。

（5）提高技术水平。扎实的个人技术是精准执行战术的基础。

（6）方案的灵活与备案。虽然要严格执行战术，但也要根据比赛的实际情况进行合理的微调，不生搬硬套。并且准备多种战术方案，以便在主战术受阻时启动备用战术，确保在不同情况下都能有应对策略。

（7）录像分析。对比赛录像进行分析，让选手更直观地看到自己在战术执行中的问题，并针对性地改进。

进攻战术·狠

进攻的"狠"在桌式足球战术中，前期主要体现在击球的力量，击球力量更多地偏向于爆发力。桌式足球的爆发力是指不同肌肉间相互协调的能力，这种力量素质与速度素质的结合是一项人体综合素质。随着桌式足球技术的发展，进攻"狠"不仅仅体现在爆发力中，同时也体现在技术风格中。尤其是欧洲选手，在比赛中往往运用简单、速战速决的技术，直接穿过对方人偶射门，充分体现"狠"这一风格。

"进攻狠"作为一种积极主动的战术策略，在比赛中往往能带来多方面的优势和积极影响。其具有以下重要意义：

（1）掌控比赛节奏。能够主导比赛的进程和节奏，让对方一直处于被动应对的状态，难以组织有效的反击。并且给对手造成巨大的心理压力，使其在防守时容易出现紧张、焦虑和失误，从而削弱对手的斗志和信心。

（2）创造更多机会。迫使对手将更多精力投入到防守中，限制其在进攻端的发挥，从而增加突破对方防线的可能性，创造更多的得分机会，提高获胜的概率。

爆发式狠攻

爆发式狠攻是指以强大的力量、迅猛的速度和坚决的态度发起极具攻击性和威力的进攻，是一种极具冲击力和决定性的进攻方式。其主要特点如下：

（1）突然性。爆发力的展现往往是瞬间的、出乎意料的。选手能在极短时间内从相对静止或常规状态迅速提升速度和力量，让防守方难以预判和及时应对。

（2）高效性。能够在最短的时间内产生最大的效果。例如，在短跑冲刺、跳跃抢点或突破过人时，瞬间爆发的力量能迅速突破对手防线或占据有利位置，以最少的动作和时间实现进攻目的。

（3）决定性。强大的爆发力在关键时刻可能成为决定进攻成败的关键因素。它可以打破僵局，改变比赛的走势，使进攻方在关键时刻取得领先或扭转局面。

（4）不可复制性。由于爆发力的发挥具有一定的随机性和瞬间性，每次出色的爆发力表现都难以被完全复制，这使得其在进攻中的效果更加独特和珍贵。

（5）威慑力。持续展现出的爆发力会对防守方形成强大的心理威慑。防守队员在面对具有强大爆发力的进攻者时，往往会更加谨慎和紧张，从而影响其防守表现。

有一项桌式足球比赛规则：击球时碰到无人控制的球杆，导致球杆旋转不被视为犯规。因此在射门时，因击球力气过大，碰到无人控制的球杆，导致的球杆旋转并进球，不被视为犯规。

射门力量以及进攻的主动性往往影响着爆发式狠攻所呈现的进攻效果。

（1）射门力量。强调了进攻的突然性和瞬间释放的强大能量，出其不意，让对手猝不及防。

（2）主动进攻。进攻的坚决、猛烈和毫不留情，以最大的力量和决心试图迅速突破对方的防线或取得明显的优势，旨在对对方造成冲击和威胁。

狠攻风格

狠攻风格是一种比赛中所展现出的强烈、激进且具有强大攻击性的策略或方式。狠攻风格通常具有以下特点：

（1）强烈的攻击性。表现为积极主动地寻找进攻机会，毫不犹豫地向对手发起冲击，以获取优势和控制权。

（2）高频率的进攻。持续不断地展开进攻行动，不给对手喘息和调整的时间，让对方始终处于防守的压力之下。

（3）果断的决策。进攻决策迅速而坚定，不拖泥带水，一旦发现机会就立刻付诸行动。

（4）高效执行。具备高效的组织和执行能力，确保进攻计划能够迅速、准确地得以实施。

（5）灵活应变。在进攻过程中能够根据对手的反应和局势的变化迅速调整策略，保持进攻的有效性。

狠攻风格体现在选手运用技术时，展现出强大的决心和力量，毫不留情地冲击对方防线，以坚决、迅猛、无畏的态势试图打破对方的防御体系，追求快速且有效地取得进攻成果。这种风格常常伴随着高强度的进攻、果断的决策、大胆的尝试以及对胜利的极度渴望，旨在通过极具压迫性和威胁性的进攻方式，掌控比赛的主动权，给对手造成巨大的防守压力，并争取创造更多得分机会。

狠攻风格的显著特征是具有强烈的攻击性、果断性、侵略性以及高效性，同时也伴随着一定的高风险。采用狠攻风格时，需要注意以下几方面：

（1）防守漏洞。在全力进攻时，可能会在后方留下防守空当。需要注意对后场防线的保护，避免被对手抓住反击机会。

（2）观察对手。即使在狠攻的过程中，选手也要留意对手的防守策略变化，及时调整进攻战术。

（3）心态控制。进攻若不顺利，容易导致选手心态急躁，出现盲目进攻或不必要的犯规，要保持冷静和专注。如果取得领先，要根据比赛剩余时间和对手的反扑态势，合理选择继续强攻还是适当控制节奏加强防守。

（4）战术多样性。不能过度依赖单一的进攻方式，否则容易被对手研究透彻并针对性防守，应准备多种战术变化。

（5）犯规控制。激烈的进攻可能导致犯规增多，要注意动作的合理性，避免关键时刻选手因犯规被罚下。

进攻战术·变

桌式足球的多变性和复杂性主要体现在战术策略上。进攻多变是指在比赛中进攻方选手采用的策略和方法具有多样性、灵活性和不确定性。它涵盖了战术形式、进攻节奏、攻击方向、配合方式等多个方面的频繁变化与调整，以应对不同的对手防守策略、比赛局势和自身队伍特点，从而出其不意地突破对方防线，创造更多得分机会。同时桌式足球的多变性，也包括充分利用桌式足球的复杂性来谋求获得比赛胜利的战术策略。进攻多变具有多方面的重要意义：

（1）增加得分机会。选手通过不断变化战术，使对手难以判断、无法有效防守，从而创造出更多意想不到的得分机会，提高进攻的成功率。

（2）打乱对手防守部署。让对手无法预测进攻的方式、方向和时机，破坏其既定的防守体系，使其在防守时出现漏洞和失误。

（3）掌控比赛节奏。主动改变进攻节奏和方式，从而掌控比赛的节奏，使比赛按照有利于自己的方向发展。

（4）减少对手针对性防守。避免被对手采取针对性的防守策略所限制，保持进攻的威胁性和有效性。

进攻多变主要分为节奏变化、动作变化、点位变化、战术多样化。

节奏变化

节奏变化是指在比赛的进攻过程中，通过调整进攻的速度、频率、强度以及选手之间的配合时机和方式等要素，使进攻呈现出不同的快慢、缓急和疏密程度，以打乱对方的防守部署，创造更有利的进攻机会，实现得分或取得优势的目的。其特点主要包括：

（1）多样灵活。可以表现为进攻速度的快慢交替、进攻强度的大小转换、进攻方式的灵活切换等多种形式。并根据比赛的实际情况和对手的防守策略，随时进行调整和改变。

（2）隐蔽且突然。节奏的变化在变化之前可能不会有明显的征兆，让对手难以提前预判，并且往往是在对手意料之外发生，使其难以迅速做出有效的应对。

（3）目的性。节奏的变化不是随意的变化，而是为了达到特定的进攻目标，如突破防线、创造得分机会等。

（4）适应性。能够适应不同的对手、比赛场地、比赛阶段等各种因素，具有较强的适应能力。

在传球上可以通过对传球节奏的控制使同一个传球动作有多种展示形式。例如：快速短传，通过迅速、精准的短距离传球，加上快速进攻推进速度直接射门，让对方防守难以跟上；或长传快攻，突然的长距离传球，将球快速转移到三人杆，改变进攻方向，令对方防守无法第一时间做出精确防守，以此增加得分概率。

在运球上可以通过对运球节奏的调整去改变运球方向。例如，突然加速突破，即运球时先缓慢推进，诱使防守方选手放松警惕，然后加速突破传球或射门；或急停变向，即在运球的过程中急停，然后快速变向，进行传球或射门，摆脱防守方选手的防守。

在射门动作上可通过改变手部动作的速度、力量和频率，来迷惑防守方，增加射门的成功率。例如，假射真传，即持球人偶做出射门动作，吸引防守方的防守集中在持球人偶后，迅速将球转移到击球人偶脚下，进行射门；触球瞬间节奏变化，即击球人偶可以在击球前稍有停顿，或者击球人偶在击球前速度由快转慢，让防守方做出错误判断或行动，来不及反应。

在运用节奏变化时，有以下几个注意事项：

（1）自身技术能力。选手必须具备扎实的基本功和技术水平，才能有效地控制节奏变化。例如，在运球、传球或射门时，要能精准地掌握力量、速度和时机。

（2）观察对手反应。时刻关注对手对节奏变化的反应，及时调整策略。如果对手适应了当前的节奏变化，就需要迅速做出新的改变。

（3）避免过度复杂。节奏变化应简洁明了，易于理解和执行。过于复杂的节奏变化可能会令选手本身都感到困惑，影响战术效果。

（4）稳定性与连贯性。虽然强调节奏变化，但也要保持一定的稳定性和连贯性，不能让节奏变化过于突兀。

（5）适应比赛规则。确保所采用的节奏变化战术符合比赛规则，避免因违规而受到处罚。

动作变化

动作变化是指在进攻过程中，选手所采用的身体动作、技术动作、发力方式等方面的改变和调整。其目的通常是为了迷惑对手，突破防守，创造更有利的进攻条件，以增加进攻的成功率。其特点包括：

（1）多样灵活性。能够根据比赛的实时情况、对手的防守态势以及自身的状态，迅速且自如地对进攻动作进行调整。同一个动作或同一个点位不同动作，以各种不同的形式去呈现，体现出丰富多样的特点。

（2）创造性。需要选手发挥自身的创造力和想象力，想出独特的动作变化方式，打破常规。

（3）不确定性。在动作变化之前尽量不暴露意图，让防守方难以预测下一个动作变化的具体形式和时机，增加进攻的不确定性和威胁性。

当进行同一个击球动作时，击球位置的差异会对球施加不同的力和作用方式。从物理学和力学的角度来解释，不同的击球位置会影响击球时的接触时间和接触面积。接触时间短、面积小，球获得的力量集中但旋转可能较弱；接触时间长、面积大，球获得的力量相对分散但旋转可能更强。尽管是同一个动作，但击球位置这一变量的改变，使得施加在球上的力量的大小、方向、作用点以及产生的旋转都有所不同，最终导致球的运动轨迹呈现出显著的差异。这种差异为选手在比赛中创造了丰富的战术选择和技术的发挥空间。

在比赛中，即使在同一个点位，不同的动作也会产生不同效果，这主要是因为不同的动作具有不同的特点和用途。这一现象可以从多个方面来解释。首先，从物理学角度来看，不同的动作意味着施加在球或物体上的力量大小、方向和作用点存在差异。其次，从对手的反应和防守策略角度分析，不同的动作具有不同的迷惑性和突破防守的能力。最后，选手自身的技术特点和身体条件也会影响效果。因此在同一个点位，由于动作所产生的力量、方向、对手反应、自身特点以及节奏速度等因素的不同组合，导致了最终呈现出不同的效果。

因此，在比赛中需要注意以下几方面：

（1）身体控制。选手确保自己有足够的身体控制能力来执行不同的动作变化，避免因失去平衡或控制而失误。

（2）技术基础。具备扎实的基本技术是进行动作变化的前提。只有在基础稳固的情况下，才能有效地做出各种变化。

（3）时机把握。准确判断动作变化的最佳时机，过早或过晚的变化都可能达不到预期效果。

（4）观察对手。要时刻留意对手的反应和动作，根据对手的防守态势来决定如何变化动作。

点位变化

点位变化是指在进攻过程中，选手对选择实施动作的具体位置进行改变或调整，它强调的是原本固定或特定的出球位置出现了变化的情况。其特点包括：

（1）动态随机性。点位不是固定不变的，在某些情况下，可能由于意外情况或瞬间的机会，导致进攻点位出现随机的变化。

（2）策略多样性。可以在不同的区域、方向和角度进行变化，涵盖了广泛的空间范围。往往是根据事先制定的战术策略或者根据场上形势临时做出的战略决策，具有明确的目的和意图。

（3）时效性。需要在合适的时间内完成点位的变化，以抓住最佳的进攻时机。

点位变化可能受到以下因素的影响：

（1）技术特点。选手自身擅长的技术动作和在不同点位的发挥能力会影响点位变化。

（2）战术安排。教练制定的整体战术会规定某些特定的进攻区域和点位，以实现战术目标。

（3）防守布局。防守方的防守阵型和防守策略会决定进攻方选择在哪个点位实施动作更有机会突破防线或创造得分机会。

（4）比赛形势。比分、剩余时间、主客场等因素会影响进攻的紧迫性和策略，从而影响点位的选择。

（5）偶然因素。如球的反弹、意外的空当出现等偶然情况，也可能促使进攻动作的点位发生变化。

战术多样化

进攻战术多样化是指在进攻过程中，运用多种不同类型的战术组合，以达到突破防守方的防线，创造得分机会的目的。它涵盖了多种不同的进攻思路、配合方式、选手跑位、传球路线以及得分手段等，通过灵活运用各种战术元素的组合和变化，以适应不同的对手、比赛场景和局势，从而提高进攻的效率和成功率，增加突破对方防线、创造得分机会的可能性。战术多样化可以增加应对复杂局面的能力，提高成功的概率，并减少因战术单一而被对手预测和破解的风险。其特点包括：

（1）灵活复杂性。多种战术的组合和运用使得进攻模式变得较为复杂，增加了对手防守的难度，并且选手需要能够根据比赛的实时情况、对手的防守策略以及自身队伍的状态迅速做出调整和变化，不拘泥于固定的模式。

（2）创造性。选手需要不断创新和开发新的进攻思路、配合方式和进攻手段，出其不意地突破对手防线。

（3）综合性。融合了个人技术、团队配合、空间利用、节奏掌控等多个方面的元素，形成一个整体的进攻体系。

战术的多样化通常有如下表现：

（1）个人突破战术。选手利用出色的控球技术、速度和变向能力，摆脱防守。

（2）传切配合战术。选手通过精准的传球和迅速的切入，打破对方的防守布局，创造出空位接球和射门的机会。

（3）策应战术。选手通过假动作，吸引防守，然后再将球传至前场进攻射门。

（4）二次进攻战术。选手在第一次进攻射门不进时，通过球的回弹第一时间继续组织进攻。进攻战术多样化能够让对手难以捉摸和应对，增加进攻的成功率和威胁性。同时，根据比赛的实际情况灵活选择和切换不同的进攻战术，也是选手战术素养和实力的体现。

战术多样化在前期战术方案制定后，执行的精准性是十分必要的，因此需要注意以下事项：

（1）团队沟通与默契。选手与队友之间、选手与教练之间都需要保持良好的沟通，清晰地理解彼此的意图和战术安排，默契配合，避免出现误解和失误。

（2）观察对手。随时留意对手的防守策略和人员布置，及时调整进攻战术，以应对对手的变化。

（3）保持耐心。进攻可能不会立即取得成效，不要因为急于得分而盲目冒险，导致失去球权。

（4）注意防守平衡。在全力进攻时，也要留意后防线的稳固，防止对手的快速反击。

（5）赛后总结与改进。比赛结束后，对进攻战术的执行效果进行总结分析，找出不足之处，以便后续改进和完善。

第二节 防守战术

防守战术是指在桌式足球比赛中,防守方为了争夺对球的控制权,合理地移动球杆,使人偶之间形成联动,以限制进攻方的技术运用,阻扰进攻方的进攻意图,破坏进攻方的进攻节奏,争取比赛主动权的手段和方法,是桌式足球战术中一项重要的环节。

防守战术的作用

桌式足球比赛是由攻和守这对矛盾组成的,攻和守是互相促进与制约的,攻和守不断的变换贯穿了比赛的全过程。防守战术的作用主要包括:

(1)防守能够限制对方得分。通过有效的防守布局和策略,压缩对方的进攻空间,干扰对方选手的传球和射门,从而降低对方的得分效率,保护己方的领先优势或减少分差。

(2)坚固的防守能打乱对方进攻节奏。良好的防守战术也可以破坏对方既定的进攻战术安排,使其无法顺利执行战术,导致进攻失误或陷入混乱,为己方创造反击机会。

(3)可增强球队的士气和信心。成功的防守能够让球队成员感受到自身的掌控力和竞争力,激发斗志,提高团队的凝聚力和协作精神,为进攻创造有利条件。通过防守造成对方失误或抢断球权,能够迅速转换为进攻,让对方措手不及,增加得分的机会。

防守与进攻的关系

在桌式足球比赛中,很多选手往往有重攻轻守的倾向,这种倾向可能会影响其技术水平的提高,这是一个值得重视的问题。产生重攻轻守的原因,大致有以下5个方面:

(1) 对桌式足球运动特点认识不够。参加桌式足球比赛的双方力争将球射入对方的球门,并阻止对方拿球和得分。进攻成功或失败,转为防守;防守成功或失败,则要转为进攻。这就是进攻与防守相互交替转换的过程,进攻和防守具有同等重要的地位。

(2) 没有认识到防守对提高桌式足球运动水平的促进作用。消极防守是假防守,只有积极防守才是真防守,才是为了反攻与进攻的防守。防守不是目的,目的是进攻。积极严密的防守可以创造有效的拿球和反攻机会。

(3) 在教学与训练计划的安排上,防守教学与训练所占的比例很小。只重视进攻而忽视防守的教学与训练,进攻也是难以提高的。实践证明,进攻只有在强有力的防守条件下才能巩固、提高。

(4) 部分选手也存在一些不正确的想法和错误的做法。他们认为防守练习枯燥无味、浪费时间,又不容易被人们重视,看不出明显的成绩,因而对防守动作要求不严格、不认真,以致形成错误的动作。这种做法影响着防守技术的学习和提高。

(5) 社会上出现的偏见。人们在观看桌式足球比赛时,都喜欢看到漂亮的传球和精彩的射门动作,往往很少去称赞严密的防守收到的成效,导致很多选手,尤其是青少年选手更加注重进攻技术的训练,而忽视防守。

正确的攻守关系

　　防守与进攻是任何球类运动的一对基本矛盾，也是桌式足球运动的基本技术和战术问题。严实坚固的防守是阻止进攻的有效手段，积极主动的进攻是巩固防守的重要措施。用进攻巩固防守，用防守阻止进攻，历来是桌式足球运动不可偏废的两个方面。离开有效防守，单纯的进攻一旦失误，将导致不可挽回的失利；离开积极的进攻，单纯的防守就会置自己于被动挨打的境地。另外，防守与进攻又是可以互相转化的。为了巩固防守，必须组织积极主动的进攻，这时进攻成为最好的防守；同时为了有效进攻，必须组织严密的防守，这时的防守又转化为进攻。因此，防守与进攻是桌式足球运动中密切联系、不可分割、相互促进和制约、相互转化的辩证统一的两个方面。

　　防守技术、战术的训练往往落后于进攻的训练。随着桌式足球运动的发展，进攻技术的进步给防守提出了新的挑战，要求用更有效的防守阻止进攻；同时只有防守技术、战术的提高，才能更好地促进进攻技术、战术的发展，从而推动整个桌式足球运动的全面进步。

　　在桌式足球比赛中，一个选手所采用的防守战术运用得成功与否，除要求全队防守的协调配合外，主要取决于选手个人的防守技术水平。因此，必须加强选手个人对防守技术的研究和运用。

影响防守质量的主要因素

1.防守意识

防守意识是指在攻守不断变化的过程中,防守选手在以球为中心、以人为主、人球兼顾的原则下,合理地、有针对性地运用自己的防守技术、战术来配合己方和制约对方进攻的意识。防守意识寓于桌式足球意识当中,属于心理活动过程,是防守技术、战术和选手个人能力在比赛中的综合体现。

2.防守技术

优秀的防守选手首先要有广阔的运动视野,不仅要随时观察对手的动作和球所在的区域,还要有预见性地洞察对手可能的行动意图。而且,防守选手必须具有良好的速度,包括良好的反应速度、移动速度、手臂动作速度和灵敏性,应该随时保持平衡的身体和正确的防守姿势。

3.防守战术

防守战术主要表现在以球为主的综合多变的防守体系中。具体为随机式防守、跟随式防守、陷阱式防守、综合式防守等。运用这些战术时要综合多变,合理组织,采用两种以上的防守形式,根据对方进攻的具体情况,主动、突然地变化防守形式,会使对方陷于不适应或来不及适应的状态,从而达到增强防守的主动性和隐秘性,有效地抑制对方的进攻。

4.防守作风

球场如战场,场上的双方选手为了比分和胜利,时时刻刻都在进行着激烈的攻守较量。除了体力、技术、战术外,更多的是选手的意志力和作风的较量。而防守者的任务就是在比赛规则允许的条件下,尽可能地阻止对方的进攻者得分。因此,防守队员在对抗中除了要有防守的基本功,还要有坚韧不拔、顽强拼搏的精神,要有足够的自信和气势,以扰乱对方的军心,达到防守助攻的目的。气势和防守技术的合理结合是队员防守作风的完美体现,也是一个防守体系的重要组成。

桌式足球防守战术

防守技术是选手在防守时，为了阻挠和破坏对手的进攻，达到断球反攻的目的所采取的各种专门动作方法的总称。桌式足球防守技术是保证防守战术质量和胜利的基础。防守时，不仅要选择合理的防守位置，而且要保持正确的防守姿势（包括手臂、身体动作与站姿），做到"人、球、杆、位"四位一体；力争在严密控制好自己的防守对象外，还能及时协防与补防，伺机进行拦截、断球以转入进攻。

1.防守技术的主要表现

（1）站位。防守时，人偶需要保持正确的站位，这包括防守对方控球杆的人偶站位，以及在必要时进行合理的移动。

（2）观察。防守选手需要不断观察场上的形势，包括对手的动作、球的位置以及其他人偶的动向。

（3）拦截。在对手传球或射门时，防守选手需要迅速做出判断，选择合适的时机进行拦截。

（4）压迫。对对方持球杆施加压力，合理地晃动球杆及人偶，迫使其犯错或做出不理想的选择。

（5）抢断。在合适的时机，通过快速而准确的动作，尝试抢断对手传球。

（6）移动。在单打防守时，快速而灵活的移动可以帮助选手更快地调整防守姿态。当在前场失去防守位置时，迅速移动至后场，尝试重新获得防守优势。

防守技术是防守战术的基础，因此，在教学与训练中应重视提高个人防守技术和个人防守的积极性，以促进防守战术的发展与提高。

2.防守技术的应用场景

（1）对手控球。当对手场中控球时，防守方需要决定是进行压迫、保持防守位置还是协防。

（2）对手传球。在对手传球瞬间，尝试进行拦截或预判传球路线进行抢断。

（3）防守转换。当球队失去球权时，迅速从进攻转换到防守，组织防线。

（4）反击防守。面对对手的快速反击，防守方需要迅速回撤，形成防守阵型。

（5）射门防守。在防守对方三人杆射门时，利用反应速度、判断力和技术来阻止对手的进攻。

防守战术的概念涵盖了多种战术形式，包括但不限于跟随式防守、随机式防守、陷阱式防守、综合式防守等。这些战术形式各有特点，但共同的目标都是通过有效的防守动作和策略，阻止对方的进攻，保护自己的球门或目标不被攻破。

桌式足球防守战术还要注重对手的防守意图。防守无球人偶的主要目的是不让其接到球，或是不让其舒服地接球，破坏其接球后的衔接技术动作。

跟随式防守

跟随式防守是指用防守人偶紧跟球的一种防守方式，限制对方进行射门的空间及机会。其优点是针对性强，能够对特定的进攻人偶控制的球进行紧密盯防，限制其发挥，有效降低其传球、射门的机会。跟随式防守是一种积极主动的防守方式，在比赛中防守方需保持高度的专注和敏捷性，始终注视着球的运行，需要根据实际情况进行灵活运用。而且，桌式足球比赛中的情况瞬息万变，防守方需要具备快速的反应和决策能力，以应对各种突发状况。

1.跟随式防守的特点

（1）紧逼性。防守方选手会紧紧跟随进攻方选手，不给进攻方选手太多的空间和时间来做出决策或进行有效的动作。

（2）专注性。需要防守方选手集中注意力在进攻方选手的持球人偶上，时刻关注进攻方选手动作、移动方向和意图以便及时做出反应。

（3）灵活性。能够根据进攻方选手的变化迅速调整自己的位置和动作。例如，当进攻方选手改变速度、方向或试图突破时，防守方选手要能及时跟上并保持紧密的防守态势。

（4）对进攻方持球人偶的限制。通过紧跟持球人偶，增加其传球、射门或运球的难度，干扰其进攻节奏，甚至迫使其出现失误。

2.跟随式防守的注意要点

跟随式防守并非适用于所有情况，它存在一些局限性，例如容易被进攻方选手的假动作所迷惑，导致防守方选手会忽略对其他区域的防守。因此在采用跟随式防守时，应注意以下要点：

（1）注意力集中。洞察周围局势，提前做好干扰进攻方选手接球或处理球的准备，能够预判对方的动作并及时做出反应。

（2）具备补漏意识。除了紧盯进攻方选手的持球人偶，还需具备补漏意识和能力，当因进攻方选手改变进攻节奏，防守出现失误时，仍能保证整体防守的有效性。

（3）遵守规则。了解并遵守该项运动的相关规则，避免因防守动作不规范而造成犯规。

（4）了解对手特点。熟悉进攻方选手的技术特点、习惯动作和优势方向，有针对性地进行防守，能够根据进攻方选手的动作和场上局势的变化迅速进行调整。如果进攻方选手试图通过变速、变向等来摆脱防守，防守方选手需要及时跟上并重新占据有利的防守位置。

如果对方选手是后场控球且斜球为多的话，可以将二人杆防守人偶向后倾斜减少人偶之间的位置。如果对方是前场控球且直球为多的话，可以将防守人偶统一向前翘进行防守，二人杆及守门员防守人偶之间的距离，可根据对方球处在的位置而变化。在快节奏的比赛中，迅速跟上进攻选手的移动，及时做出反应，不易出现防守失位的情况。

扫码观看视频教学

随机式防守

随机式防守方采用一些无规律可循的防守策略，没有固定的模式或套路，让对方难以捉摸，防守方不会保持始终如一的晃动球杆动作对某个特定区域进行防守。其优点是通过这些出其不意的变动，打乱进攻方的节奏和预期，使其无法猜透防守方的防守动作频率，不能顺利地执行既定进攻战术。简单来说，随机式防守是指在比赛中没有固定的防守模式，而是根据场上的具体情况灵活应变地进行防守。

1.随机式防守的特点

（1）不确定性。防守的策略、位置和方式没有固定的规律，具有很强的随机性和不可预测性。不遵循传统的、常见的防守套路，让进攻方难以捉摸和适应。可能会出现意想不到的防守成功，给对手造成心理压力。

（2）灵活性。能够根据场上的即时情况迅速改变防守策略和重点，灵活应对各种进攻局面，从而提高防守的适应性和应变能力。

（3）快速应变。要求防守方选手能够快速对进攻方的变化做出反应，并及时调整自己的防守位置和动作。

（4）增加进攻方压力。由于防守的不确定性，进攻方在进攻组织和决策时会面临更大的难度和压力。

（5）适应多种对手。可以较好地应对不同风格和战术的对手，不局限于特定的对手类型。由于防守的随机性，需要队员具备出色的判断能力、反应速度、位置感和团队协作能力。

2.随机式防守的注意要点

由于随机式防守的"随机"性，因此在采用时，应注意以下要点：

（1）熟悉基本战术。虽然是随机式防守，但选手仍需对常规的防守战术有扎实的理解和掌握，这样才能在随机变化时做出合理的决策。

（2）保持位置感。即使防守策略随机变化，选手也不能完全失去自己在整体防守体系中的位置概念，以免造成防线混乱。

（3）观察全局。选手在随机防守时不能只关注自己负责的区域或对手，要时刻观察整个赛场的局势，以便更好地做出防守决策。

（4）避免过度冒险。随机防守不意味着盲目冒险，不能为了追求出其不意而过度暴露防守弱点。

（5）团队沟通。在双打中，随机改变防守策略和位置时，选手必须确保与队友之间保持清晰、及时的沟通，避免出现防守漏洞或队友之间的配合失误。

虽然说防守队员的模式充满了随机性，但晃动速度的快慢以及距离的长短，可以根据对方射门的准度以及习惯来做出相应的调整。例如，对方选手有习惯性的进攻下点的行为，可以将防守人偶向偏下点的位置进行移动。

扫码观看视频教学

陷阱式防守

陷阱式防守是通过故意制造假象、误导或利用对方的习惯和预期，设置防守形式的陷阱，让对方在不知不觉中陷入被动局面，从而实现更好的防守效果；也就是刻意暴露出空当给进攻方，在进攻方传球或射门的瞬间再将空当防住的一种诱导性的防守方式。其优点是可以打乱进攻方的进攻节奏，增加防守的成功率，并且给进攻方造成心理压力，使其在进攻时更加谨慎和犹豫，从而影响其进攻的流畅性和自信心。陷阱式防守是一种具有策略性和主动性的防守方式。

1.陷阱式防守的特点

（1）诱敌深入。故意在某个区域留出看似薄弱的防守漏洞，吸引进攻方进入预设的陷阱。

（2）突然包夹。当进攻方选手将球传到或者射入预设区域后，防守队员迅速从不同方向进行包夹，从而将球拦截或者阻挡，增加对方失误和丢球的概率。

（3）区域针对性。通常针对特定的区域或进攻线路进行布置，例如在对方的传球路线上设下陷阱。

（4）压迫性强。给进攻方选手带来巨大的心理压力和处理球的难度，迫使他们快速做出决策，容易出现失误。

2.陷阱式防守的注意要点

陷阱式防守的风险与机会并存，如果时机把握不好或防守方失误，可能会让进攻方成功突破，导致防守失位；但如果成功，可以有效地破坏对方进攻。因此在采用时，应注意以下要点：

（1）准确判断时机。要能够准确判断何时是实施陷阱的最佳时机，过早或过晚都可能导致防守失败。

（2）保持耐心。不能因为急于实施陷阱而提前暴露意图，要耐心等待进攻方选手将球落入预设的区域。

（3）避免过度冒险。虽然是主动设陷阱，但也要考虑如果失败可能导致的防守漏洞，不能过于冒险而给对方留下太大的进攻空间。

（4）灵活应变。如果进攻方选手察觉到陷阱并改变策略，防守方要能够迅速做出调整，转换防守方式。

（5）防守位置的保持。在实施包夹时，要注意其他进攻方选手持球人偶的位置，防止因过度关注被包夹人偶而忽略了对其他位置的防守，导致对手轻易传球给空位人偶得分。

空点补位的时间可以根据情况而进行递增、递减，并且在陷阱式防守的时候要集中注意力，避免出现分心的情况，同时提高预判分析的能力，通过观察对手的动作、习惯和战术，大致判断对手的下一步动作，提前做好准备。

扫码观看视频教学

综合式防守

综合式防守是一种相对复杂而巧妙的防守策略，在比赛中展现出高度的灵活性和适应性。它是结合前几种防守战术并随时相互切换的防守方式，根据比赛的实际情况，能够应对各种不同类型的进攻方式和对手特点。其优点是可以更好地应对进攻方多样化的进攻手段，根据比赛的实际情况和对手的战术变化迅速做出调整，增强防守稳定性和适应性。综合式防守就如同一张精密的网，根据对方的进攻变化而不断调整，始终保持着对球门的有效保护，让对方的进攻一次次无功而返。

1. 综合式防守特点

（1）灵活多变。根据比赛的实际情况和对手的进攻特点，灵活地在随机式防守、陷阱式防守、跟随式防守等不同策略之间切换。

（2）整体性强。强调选手整体的防守协作，各个位置的人偶相互呼应和补位，形成一个紧密的防守网络。

（3）多层防线。通常会设置多层防线，从五人杆就开始施加压力，延缓对手进攻，再进行拦截和抢断，最后进行密集防守。

（4）空间控制。通过合理的阵型和人偶的移动，压缩进攻方选手的进攻空间，限制其传球和射门路线。

2. 综合式防守的注意要点

（1）综合式防守是由两种或以上的防守战术融合而成的，在双打中必须协同一致，发挥集体的防守力量。

（2）选择合适的防守位置。在防守无球人偶时，应根据球和自己防守对手所处的位置来确定与调整自己的防守位置。有球的一侧为强侧，无球的一侧为弱侧。对于有球人偶，应抢占有利的防守位置，注意人球兼顾，对离球和球门近的对手防守要紧，对远离球和球门的对手可适当放松。

（3）综合式防守主要以跟随式防守、随机式防守、陷阱式防守为基础，选手要首先掌握这3种防守的方法和原则，并能把基本原则灵活、合理地运用于综合式防守战术中。

（4）选手应具有良好的个人防守能力、较强的战术意识，时刻了解场上的情况，了解自己在防守中的职责，做到行动要快，变化要及时。

在双打过程中，防守选手要进行合理的安排，前场人偶防守空缺的位置需要后场选手利用人偶进行填补，以达到最佳的防守效果。同时，综合式防守也并非一成不变，需要适应对手节奏。不同的进攻选手有不同的节奏和习惯，防守方要尽快适应对手的特点，调整自己的防守策略和节奏，根据场上的实际情况随时进行调整和变化。

桌式足球竞赛规则与裁判法

（2024年修订版）

前　言

　　桌式足球起源于19世纪末的欧洲，是一项风靡欧美的全民健身运动。我国引进桌式足球已有20余年，自2006年国家体育总局正式将其纳入管理项目后发展迅速。国际桌式足球联合会（ITSF）于2002年在法国南特成立，现有包括中国在内的80多个成员组织。

　　桌式足球就是把偌大的足球场搬到一张办公桌大小的球台上，双方通过操纵人偶来模拟足球比赛的一项体育运动。它浓缩了足球的精华，具有占地面积小、不受场地限制、易上手、安全性高、趣味性强、观赏性好、男女老少皆宜等特点。青少年经常打桌式足球可以开发智力、增强记忆、远离网络游戏、增进交流并提高整体素质。对中老年人来说，经常打桌式足球不仅可以强身健体，更能够将娱乐和社交相结合，从而预防老年痴呆，延缓记忆力衰退。

　　推广国际通行的比赛规则，使这项运动在我国起步时便依照国际标准执行，是十分必要的。我国原有规则是2009年由国家体育总局社会体育指导中心组编、高等教育出版社出版发行的《桌式足球竞赛规则与裁判法》。因时间久远，且规则不断变化更新，国家体育总局社会体育指导中心为此专门成立了以李德华同志为组长的编写委员会，在原有规则基础上，参照ITSF最新规则，结合我国近年来开展桌式足球运动的实际情况重新编写。相关内容由邓莹莹、黄龙升同志翻译，由李睿、李刚、廖淑云、李彪等同志多次修订完成。

目 录

桌式足球竞赛规则……………………………………… 161
　第一章 总 则…………………………………………… 161
　第二章 细 则…………………………………………… 163

桌式足球竞赛裁判法…………………………………… 177
　第一章 竞赛组织………………………………………… 178
　第二章 裁判人员的组成与职责………………………… 184
　第三章 竞赛项目、程序和用品………………………… 188
　附件一：竞赛常用表格…………………………………… 190
　附件二：桌式足球简明规则……………………………… 192

桌式足球竞赛规则

第一章 总则

所有桌式足球的竞赛组织者和选手均须遵守本规则。

一、本规则是裁判工作的执法依据，可保证裁判的权威性，使比赛顺利进行

二、本规则同样适用于裁判、选手和观众

三、本规则的目的是促使选手公平竞赛，相互尊重

四、在比赛中，以裁判的最终判罚为准

五、执裁权威性

1.本规则与裁判法由国家体育总局社会体育指导中心组编。

2.如在执行中出现本规则没有涉及的问题或发现错误，由赛事技术人员以书面形式将修改建议上报国家体育总局社会体育指导中心，再版时予以完善。

3.有些场次的比赛可设裁判，也可由选手自裁。在设裁判的场次中，以裁判的判罚为准。在自裁的场次中，遇有无法解决的问题时，应请裁判到场裁决。

4.在选手自裁或由一名裁判执裁的比赛中，若出现问题，被请来解决问题的裁判，应向其他在场的选手和裁判询问情况。若在场的裁判超过1人，应参考级别较高的裁判的意见；若无裁判在场，被请来解决问题的裁判长根据现场情况作出判罚或处理。

5.只有裁判长有权作出影响一局或一场比赛结果的判罚，更严重的判罚由裁判长会同比赛组织者作出决定。

六、场地与器材

（一）场地

1.比赛场地：摆放球台的地方和选手站位的空间为比赛场地，在正式比赛中，每张球台的占地面积应不小于2.5m×3m。

2.比赛区：球场表面以上、球门框和边框墙壁所形成的空间。

（二）器材

1.比赛组织者应事先在竞赛规程中公布指定球台，球台须结实稳定，人偶紧固且球杆干净平直。

2.比赛组织者可以指定润滑产品和清洁剂的品牌，并在现场提供给选手使用。不得用松香或其他可能会改变球台表面特性的物质擦拭球台。擦拭球台上击球后留下的痕迹之前，手上不可沾上汗水或其他异物。

3.比赛组织者有权禁止使用对器材或选手有害的产品，违者将被取消参赛资格。

4.除常规保养之外，任何选手不得擅自对球台做可能影响其内部性能的更改，包括不得更改人偶、球场、缓冲器等。

5.选手必须确保用在手上增加抓力的辅助物品不会接触到球台或球。如有影响，则需立即清除或更换。违例的选手判延误比赛，如持续违反规定，将禁止该选手在剩余的比赛中使用这些辅助物品。

6.若选手使用辅助物品以助其抓牢手柄，当双方换边时，选手必须立即将手柄清洁干净。在比赛期间，更换桌边时，选手不得将任何物质留在手柄上，首次违规，警告一次并要求选手在规定时间内清除物质，后续再犯，禁止使用该物质。

7.选手不得将任何可能影响球杆移动的物品放在球杆、手柄或球台上，避免阻碍球杆的正常转动。在赛前，选手可以申请调整球台，使其保持水平。比赛开始后，选手只能在暂停期间要求调整球台，如果双方同意调整，则可以进行，反之对方不同意，比赛将继续。

8.选手不得污染比赛场地，首次违规警告一次，后续再犯判技术犯规。

9.即使在非比赛期间，选手也不得猛击任何球杆或用力摇晃以及移动球台，违者判行为违规。

七、球

1.球的材质不限，但必须使用比赛组织者指定和提供的球，比赛指定用球将在竞赛规程中公布。

2.参赛选手不得自备比赛用球，不得在没有许可的情况下，用另外一个非比赛指定用球与正在比赛中的球交换，违反则判技术犯规。

3.在比赛中，如果选手请求替换球，经裁判判定该球不适合比赛，则换新的比赛用球比赛，反之申请不成功，则扣一次暂停。

4.比赛前选手需确认比赛用球，比赛中不允许替换球；在裁判的允许下，重新开始或暂停时可申请替换球。

5.选手不得让球被任何物质污染，首次违规警告一次，后续再犯判技术犯规。

八、附属装备

1.允许使用手套、手柄防滑套等不会对选手造成危险的附属装备。

2.不得利用附属装备改变球台表面或结构。

第二章 细则

一、体育道德

参赛选手不得在比赛过程或在比赛场地有违反运动员精神或不道德行为，否则视为违反体育道德。参赛选手、裁判以及观众之间应相互尊重。每个参赛选手和裁判都有责任向公众展现桌式足球运动的魅力。

违反体育道德的处罚：根据情节轻重可判取消一局或一场比赛的参赛资格、逐出比赛场地或罚款。违反体育道德的判罚由裁判长和组委会决定。

二、比赛赛制

1. 比赛的赛制由组委会决定，并在竞赛规程上公布。
2. 组委会可以根据时间、参赛人数临时改变比赛局数和分数。
3. 组委会的决定为最终决定，对全场所有比赛具有约束力。
4. 违反比赛局数和分数规定的，将取消其该局或整场比赛的成绩。

三、开赛

1. 开赛前双方选手应通过抛硬币或猜球方式进行选边或选择发球权。猜中方可先选边或选择发球权，未猜中方拥有相应的剩余权力。猜中方一旦选边，或一旦选择发球权，即不得再行更改。

2. 在选边后正式开赛前，任何选手都可以进行练习，以评估球台的状况，但最多不得超过5分钟，如有必要可以请求球台维护；一旦开始比赛，只有突发情况导致比赛无法正常进行时才可请求球台维护。

四、发球

发球是指在一局比赛开始时、进球得分后、死球、犯规判罚后，将球放在指定的发球点，发球应该执行发球程序。

（一）首次发球

首次发球是指一局比赛开始时的发球。首次发球必须将球静止放置在发球方五人杆中间人偶脚下，发球方必须严格遵守开球顺序。

发球期间未将球放置于五人杆中间人偶脚下发球，判发球犯规；在进行运球及传接球之前的处理是：首次犯规，警告一次，同队重新发球，后续再犯，判丧失球权，对方五人杆发球。如已进行传接球或进球得分后的处理是：对方五人杆发球，得分无效。

（二）随后发球

随后发球是指在首次发球后，随后由被进球方发球。在多局比赛中，每局的首次发球权属于上一局负方。

1.球被无发球权的一方发出,在对方球队进行了传接球前发现此错误,比赛应停止并由正确的发球方重新发球;一旦对方球队进行了传接球,那么将不许抗议,比赛继续进行。

2.一方因对方犯规而获得发球权,随后发球在双方五人杆之间死球,发球权交回原发球方。

(三)球在比赛中

当球被发球方发出后即视为在比赛中,直至出界、死球、暂停或得分。

(四)发球程序

发球前,发球方应询问对方是否做好准备,对方在3秒内做出回答,随后发球方要在3秒内将球发出,超过上述时间限制均判延误比赛(参照规则十二)。

1.发球方可通过询问"Ready?"或"准备好了吗?"等询问防守方是否做好准备;防守方可通过回复发球方"Ready""Go"或"准备好了"等。

2.发球方在对方未准备好就发球的处罚是:首次警告,并将球放回原处重新发球;后续再犯,判丧失球权,对方五人杆发球。

3.发球时,球从一个人偶移动到另一个人偶,但不能从这第二个人偶处向前传球或射门。球碰到第二个人偶后,可经由任何其他人偶传球或射门。传球或射门前,选手不需要将球停止或等待时间。时间计算开始于球触碰到第二个人偶时。

4.当发球方询问"Ready?"后,选手不得喊暂停,如有违反,首次警告,后续再犯可根据情况判扣除一次暂停。

五、球权

球权是指拥有控制球的权利。

(一)旋转球杆

旋转球杆是指在击球之前或之后转动人偶超过360°。在计算旋转角度时,不应是击球之前的度数加击球之后的度数。

1.旋转球杆将球击出,将被判犯规,由对方五人杆重新发球。

2.旋转球杆但没有将球击出或没有击到球,将不构成旋转球杆犯规。如果一方选手旋转球杆将球踢进己方球门,将为对方计1分。不控球的时候,旋转球杆不被视为旋转球杆犯规,判干扰比赛。

3.击球时碰到无人控制的球杆,导致的球杆旋转不被视为犯规。

（二）死球

球完全停止运动且双方人偶都触碰不到即为死球。

1. 球在中场成为死球，应由原发球方从五人杆处重新发球（参照规则四）。

2. 球在五人杆与球门之间成为死球，应由离死球点最近的二人杆重新发球，并执行发球程序（参照规则四）。

3. 在球门区，如球在旋转中，即使双方的人偶都触碰不到球，也不被视为死球，此时不执行时间限制，直到球转到可控区域或成为死球。

4. 选手通过人偶从下向上将球推到双方都触碰不到的地方导致死球，判故意制造死球，由对方五人杆重新发球。

5. 选手不得故意弯曲球杆来接触一个正常无法接触的球，否则视为犯规，由对方五人杆发球。

（三）球出界

球离开比赛区，击中计分器、照明装置或其他不属于球台的物体即为出界。但球击中球门框或边框墙壁上沿并立即弹回比赛区，视为球未出界，比赛继续进行。

1. 比赛区是指球场表面以上、球门框和边框墙壁所形成的空间。球飞到边框上立即返回球场表面，视为球在比赛中。

2. 当球进入发球孔又返回球场表面，视为球在比赛中。

3. 一方射门或传球时使球出界，由对方的二人杆重新发球。

4. 往高处击球使球越过或连续越过对方球杆，形成空中飞球，视为犯规，由对方五人杆发球。但球离开控球杆后被另一人偶反射空中则不视为犯规。

5. 选手不得接住或者以其他方式接触比赛区上方空中的球，否则判点球处罚；若对方点球未得分，由对方五人杆发球。

（四）危险球

球位于守门员杆后面，球门的正前方，球是静止的但是可触碰的，则该球被判定为危险球。例如：逼近球门线、守门员杆后控球，球被夹在球门边缘、球门框或横梁上。

当出现危险球，控球选手可以选择在持球时间结束之前，将球权交给对方五人杆重新发球。

1. 选手希望放弃危险球的球权，必须由选手发起比赛中断并且宣布自己想要放弃球权。如果确定是危险球，则选手可以用手将球拿出，然后放置到对方五人杆中间以便重新开始。选手认为危险球是死球，在把手伸入比赛区域之前，他们需要证明球是不可以触及的。

2. 球必须是停止的才能被认为是危险球，选手按照比赛规则宣布放弃危险球，随后球掉入球门，进球无效，球会被放置到对方五人杆重新发球。

3. 选手恶意宣判一个正在运动的球为危险球，会被判定为干扰比赛，对方选手可要求从当前位置继续进行比赛或者从自己的五人杆处重新发球。

六、比赛暂停

比赛暂停是指短暂地中止正在进行的比赛，包括间歇、暂停、官方暂停、违规中断。

（一）间歇

间歇包括得分间歇、比赛间歇。间歇都有时间限制，若一方超过时间限制，则判该方延误比赛（参照规则十二）。

1. 进球得分后重新发球至执行发球程序的间隔时间称为得分间歇。得分间歇最大持续时间为5秒。得分间歇之间双方可以叫暂停或交换位置（双打）。

2. 同一场比赛内，每局比赛结束后至新的一局开始的间隔时间称为比赛间歇。比赛间歇最大持续时间为90秒，经参赛选手同意可提前终止。比赛间歇之间双方可以练习、叫暂停、交换位置（双打）或交换场地。

3. 交换位置。

在双打比赛中，选手只能操纵与其位置相对应的两根球杆。比赛开始后，在进球得分、一方申请暂停或发生技术犯规之前，选手位置不得改变。

（1）在暂停期间、进球之后发球之前、两局比赛的间隔和判罚技术犯规射门前后，任何一方都可以进行选手换位。

（2）一方选手换位以后，在比赛重新开始前或再次暂停前不得再次换位。两名选手在各自的位置上面对球台站好视为一次换位结束。

（3）当球在比赛中非法换位判干扰比赛，换位选手须换回到原位。在双打比赛中，选手将手放到队友的球杆上将被判为干扰比赛。

4. 交换场地。

（1）每场比赛内，在第一局比赛结束后，任何一方都可要求交换场地，如要交换，每局比赛后都要交换场地，但第一局比赛后没有交换场地，那么双方必须在整场比赛中保持同一侧进行比赛，后续不得交换场地。

（2）交换场地需在90秒内完成并进入发球程序，一方超时，判该方延误比赛。

（3）因为录像、转播关系，赛事组委会可以要求选手不得交换场地。

（二）暂停

每局比赛，每队都有两次申请暂停的机会，在暂停期间，选手可以离开球台，相互交谈。每次暂停时间不得超出30秒。球在比赛中，只能由控球方将球停住后申请暂停。球不在比赛中，任何一方均可申请暂停。

1.任何一方都可充分用完30秒的暂停时间，即使申请暂停方不需要用完30秒。

2.在双打比赛中，暂停期间两队均可进行本方选手位置互换（参照规则六）。

3.在两局比赛之间申请暂停，则暂停的次数计入下一局比赛中。

4.当球在比赛中，控球方选手双手松开手柄并远离球台，视为申请暂停。

（1）射门之前选手可以松开手柄擦手，但这一动作必须在3秒内完成。选手擦手时间应计入控球时间。当进攻方擦手时，防守方不应放松警惕。

（2）当选手将手或手腕重新放回手柄后，必须控球超过1秒后才能射门或传球。

5.球在比赛中，只有控球方可以申请暂停，暂停时间从暂停口令发出时开始计算。

（1）一方申请暂停后立刻射门得分或传球，进球无效，判该方干扰比赛（参照规则十二）。

（2）控球方在球仍然处于运动状态时申请暂停，则判其丧失球权，由对方五人杆重新发球；非控球方申请暂停，则判其干扰比赛（参照规则十二）；球在比赛且运动中，一方申请暂停，随即该球进入该方球门，则为对手计1分。

6.暂停30秒后，一方没有做好继续比赛的准备，则判延误比赛（参照规则十二）。

7.在一局比赛中，一方第三次申请暂停，则警告一次，申请不予批准。若该方是控球方，且球在比赛中，则丧失球权，由对方五人杆重新发球。持续违规申请暂停判技术犯规。

因延误比赛、比赛中要求增加第二名裁判、败诉或其他原因而导致一方暂停两次以上，判其技术犯规。

8.暂停后比赛开始，需待球离开当前控球杆后（二人杆和守门员杆视为同一球杆）才能再次申请暂停；当尚未发球，任一方皆可继续喊暂停。违反此规定，由对方二人杆发球。

9.暂停期间，选手可以润滑球杆、擦拭球台表面等；如对方同意，可以用手将球拿起，但应在重新开始比赛前放回原处。对方或临场裁判可以驳回移动或拿起球的请求。

（1）若是上述请求被驳回，选手依然拿起了球，则由对方五人杆发球。

（2）非控球方在未经同意时，碰触、移动球，首次警告，后续判其技术犯规。

10.比赛期间，当选手没有暂停次数时：

（1）因违规扣除暂停时，判其技术犯规。

（2）不允许叫暂停，首次违规：若球在比赛中，对方五人杆发球，反之警告一次；后续再犯，判其技术犯规。

11.暂停后比赛重新开始

暂停结束后，应将球放置于暂停前球所在的球杆处继续比赛。

（1）如暂停结束恢复比赛时，控球方在移动球以前必须确认对方已做好准备。在击球前，应执行发球程序。如果控球方没有执行发球程序，例如，球因故脱离控制，则对方有权决定是当前位置继续比赛还是由其重新发球。

（2）如果暂停时球不在比赛中，根据规定，球将由拥有球权的一方投入比赛区发球。若进球得分后到重新发球前叫暂停，暂停后应由被进球方从五人杆处重新发球。

（3）违规将球投入比赛区域的发球的处罚是由对方决定是在当前位置继续比赛，还是由其重新发球。

（三）官方暂停

官方暂停不列入两队的暂停次数。官方暂停后，恢复比赛时发球程序与一般暂停一样。

1.在比赛开始时无临场裁判在场，若发生争议，双方均有权要求裁判到场。这种要求可以在球停止或成为死球时提出。

（1）首次要求裁判到场视为一次官方暂停。

（2）当球在比赛中停住，进攻方正要传球或射门时，防守方提出要求裁判到场应判干扰比赛；同样当球在运动中要求裁判到场也应判干扰比赛。

2.当比赛继续进行时有一名裁判在场，任何要求第二名裁判到场的选手将自动计暂停一次，这种要求只能在死球或球不在比赛中时提出，球在比赛中提出判技术犯规。

若比赛继续进行时已有两名裁判在场，任何更换裁判的要求由裁判长或组委会受理；若要求被驳回，将判该选手技术犯规。

3.双打在官方暂停期间，本方选手不得换位（参照规则六）。

4.更换比赛球，拧紧人偶或手柄等球台维护应在比赛开始前进行。只有当球台突然发生人偶断裂、培林松动、球杆变形等故障时，选手可以要求暂停维护球台。

（1）当人偶与球接触时发生了损坏，修理球杆时间为官方暂停。比赛从人偶被损坏的球杆处重新开始。

（2）当球台上的灯出现故障，比赛应立即停止，并视为官方暂停。

（3）常规保养，例如给球杆喷润滑剂等只能在暂停时间内或两局比赛之间进行。

5. 当外来物体落入球台上，无论球是否撞到该物体，应立即停止比赛，将外来物体移走。比赛应从外来物落入球台时球所在球杆处重新开始。应保证在球台外沿上没有物体可能落入球台。球正在运动中，应由控球方重新发球。

6. 观众在比赛期间离选手太近，间接干扰导致选手无法正常进行比赛，比赛应暂停，然后从最后控制球权的球杆处重新发球。

7. 赛事组委会有权停止比赛。

8. 医疗暂停。

参赛选手或队伍可以申请医疗暂停。是否有必要就医由组委会、裁判长或临场裁判决定，他们决定医疗暂停所需时间最长不超过30分钟。如果选手就医暂停时间结束以后仍然不能参加比赛，将视为本场比赛弃权，判对方获胜。

若医疗暂停的要求被驳回，该选手将被计暂停一次。

七、计分

如球没有违反规则规定进入球门应计1分。球进入球门后又弹回比赛区域或出界也计1分。

1. 如果选手忘记计分，但是双方对进球未计分均无异议，则应补计1分。如果双方对进球有异议且未计分，则不应补计。如下一局（场）比赛已经开始，则不得申诉，也不再追加计分。

2. 若没有进球却故意给本队计分，则为非法得分，首次违规警告一次，后续再犯则判其技术犯规。持续违反则判取消比赛资格，判对方获胜（由裁判长裁定）。

八、练球

每场比赛开始之前或两局比赛之间，选手可以在任何一张球台上练球，比赛开始后不允许再练球。

1. 练球是指将球从一个人偶传给另一个人偶，或者射门。

不合规的练球由临场裁判裁决。无目的移动球，或发球前利用人偶把球控制到发球位置的行为不构成练球。

2. 对于练球犯规的处罚是丧失控球权，由对方发球。当选手本来就没有控球权，则判警告，持续违反本条规定判技术犯规。

3. 选手不得在暂停及官方暂停期间进行练球，首次违规时，违规方有控球权，则由对方五人杆发球，反之则判警告，持续违反本条规定判技术犯规。

九、重置

破坏选手的控球状态是犯规的，防守队员的任何晃动、撞击或震动都会影响进攻选手对球的控制，即便未导致进攻选手掉球，均构成重置犯规。当裁判宣判重置，此球杆的控球时间与五人杆撞墙次数将重新计算。

1. 球在原地微微晃动不应被判定为重置，一旦球发生移动行为才应该判定。即使球被人偶压住或正在移动中，裁判需评估此晃动是否影响控球方的传球、射门的执行，如裁判认为有影响都可以宣告重置。

2. 在尝试传球前，且同时传球动作发生宣告重置，造成选手掉球或影响接球，球应该回到原控球方五人杆重新发球，此行为不被判定为晃动球台。

3. 在一局比赛中，如一方在首次重置犯规后再次重置犯规，裁判可判重置警告。在重置警告后，进球得分之前再次犯规将被判为技术犯规。

（1）因多次重置被判技术犯规后，再次犯规将被判重置警告。

（2）双打比赛二位选手的重置次数是合并计算的。每局的重置次数则须重新计算。

4. 宣告"重置"或"重置警告"的口令后比赛应继续进行，控球方随即射门的行为不会被视为干扰，防守方听到口令时不应放松或观看裁判，应持续防守。当判罚为技术犯规时，裁判应当宣告"停止"。

5. 在球后方的球杆向球台施力影响控球方控球的行为不判重置，判定为晃动球台犯规。

6. 控球方不得故意制造重置，否则失去控球权，判对方五人杆重新发球，不计为重置次数。

7. 防守方故意晃动球台，不判为重置而判晃动球台。

十、传球

1. 静止不动的球不得直接从五人杆传给三人杆，不论传球途中是否有碰到对方的五人杆都是违例。要将静止不动的球传出，球必须触碰五人杆第二个人偶后方能传给三人杆。所谓静止不动的球除停止的球外，包含被人偶压住或夹在墙边的球。

（1）在球明显完全停止下来的同时立即将球传出是合规的，但若传球动作有所迟疑则视为犯规。只要球明显完全停止下来且未立即传出，必须再触碰第二个人偶后方能将球传出。

（2）当一个人偶短暂地夹挤或压球后，立即放开并前传，只要球传出前已接触了两个以上的本方人偶（含该人偶），就可以合规地由同一人偶传给三人杆。但如果上述动作未一气呵成，视为球已静止，则该人偶传球将判违规。

（3）五人杆将静止不动的球传出，但未被自己的三人杆接到，则不视为犯规。

（4）以人偶压球，或球横向移动中用人偶控制其前进，不可用该人偶直接传球，必须再触碰另一个人偶，才能合规将球从五人杆传给三人杆或是将球从二人杆传到五人杆。但球从另一根球杆传球时就直接触碰到人偶的前缘或后缘，此时马上用同一个人偶传球是合规的。

2. 在五人杆有效控球时间内，选手可以将球撞击球台同一侧墙壁两次，球连续第三次碰到同一侧墙壁，则本方失去球权，由对方五人杆重新发球。

（1）在单次有效控球中，墙壁接触次数在球台的每一侧都是单独计算的，即在近墙撞击两次后，运球到远墙可以再撞击两次。

（2）当对方的守门员杆或二人杆将球击出时被五人杆在球台墙壁夹住，这种情况不计入该方碰触球台墙壁的次数，控球权属于接到球的五人杆。

（3）当球从靠近球台一侧的人偶通过连续反弹与球台墙壁接触时，在球完全静止下来或离开墙壁后仅视为一次撞击球台墙壁。

（4）当五人杆两边人偶夹住球，暂停后重新开始比赛，球在碰到第二个人偶之前撞击墙壁的次数不计入允许的两次撞壁之一。

（5）球队中正在控球的选手，不能通过杆子撞击墙壁来影响球，比赛中首次违规警告一次，后续再犯则由对方五人杆发球。

3. 将球从二人杆或守门员杆传至五人杆时，传球的合规性按照规则1执行，传球过程球触碰到对方的人偶，此时传球过程视为结束，故任何人偶都可以接球；此外不执行三次撞击球台墙壁犯规规定。

4. 防守时可以用双手操纵同一根球杆，在手柄之间频繁交换双手则判为干扰比赛。

5. 对传球犯规的处罚是：若一方违反了上述规定，对方有权决定是从当前的位置继续比赛还是在五人杆重新发球。

十一、进入比赛区

当球在比赛状态中，未经对方或裁判的允许，选手不得将手伸进比赛区，否则不论是否有触碰到球都是不合规的。但经对方或裁判的允许后，则可以将手伸入比赛区。

1. 仍在旋转中的球被视为在比赛状态，即使任何人偶都接触不到该球。任何一方未经对方或裁判允许伸手进入比赛区都是违规的。

2. 飞到比赛区上空的球视为比赛进行中，除非它撞到了比赛区以外的东西。不得接住或抓住飞到比赛区上空的球。

3. 死球视为不在比赛进行中（参照规则五），经过临场裁判或对方（当现场无裁判时）允许，选手可以触碰球。

4. 当球不在比赛中，选手不需征得对方同意，可以擦拭球台任何部位因击球留下的痕迹。

5. 违反以上规定的处罚是：犯规方控球且球已停止，由对方重新发球；犯规方未控球或球正在移动中，判技术犯规；当选手伸手进入比赛区或采取其他手段阻止球进入本方球门，将为对方计一分，并按正常进球得分后的有关规定重新发球。

6. 触碰飞到比赛区上空的球被判技术犯规，并按以下方式重新开始比赛：技术犯规判罚点球进球得分，由对方五人杆重新发球；当技术犯规判罚点球没有进球得分，由非犯规方五人杆重新发球。

十二、违规处罚

（一）干扰比赛

当球在比赛时，选手不得将对方的注意力从比赛中转移，扰乱注意力是一种干扰比赛行为。干扰比赛处罚：第一次警告，第二次对方五人杆发球，第三次技术犯规处罚。

1. 在球台周围做跟比赛无关的动作或发出声音都可判为干扰比赛，干扰比赛进球不计分。

2. 双手在手柄之间的过度移动，可判为干扰比赛。

3. 在非进攻或防守时，过度移动球杆，可判为干扰比赛。

4. 任何不属于进攻或防守动作的身体动作或姿势，例如在球台上敲击表示道歉或认可，可判为干扰比赛。

5. 触碰对手的球杆，可判为干扰比赛。

6. 准备射门时，一只手离开手柄，随后又立即射门将判为干扰比赛。只有两只手（或手腕）同时在抓住两个手柄上超过1秒后击球才是合规的（在单打比赛中，本条规则只适用于三人杆射门）。

7. 在比赛进行中，选手不得用肘部以外的任何身体部位控制球杆；在标准双打中，选手只能控制与之对应的球杆，违者判为干扰比赛。

8. 选手在一根球杆上控球，同一队的另一根球杆不得撞墙或过度移动，违者判为干扰比赛。

9.控球方选手不得双手同时松开手柄或者远离球台，违者判为干扰比赛。在射门前可以松开擦汗（参照规则六）。

（二）延误比赛

除暂停，比赛应该持续进行。比赛持续进行是指进球得分距重新发球的发球程序时间间隔不超过5秒。只有裁判有权宣判延误比赛。

1.宣判延误比赛后，比赛应在5秒内重新开始。超出5秒，再次宣判延误比赛。

2.首次违反本条规定的处罚是警告，持续违反被判计暂停一次。选手被判为延误比赛后，10秒内仍没准备好继续比赛被判为暂停一次。若判暂停后10秒内仍没准备好继续比赛，计为第二次暂停。

（三）技术犯规（点球处罚）

任何参赛选手恶意或有意违反比赛规则，判为技术犯规。

1.被判罚技术犯规时，比赛应停止，犯规方将控球权交给对方的三人杆执行点球。在双人比赛时，只允许罚球者和防守者两人对抗，另外两人应暂时离开球台，待执行点球结束后方可回到比赛中；罚球者只有一次射门机会，不得补射，进球得分，然后由被进球的一方重新发球；未进球，比赛应从宣判技术犯规之前球所在的位置继续进行或根据本规则的相关条款执行。

执行点球时，一旦球离开三人杆，点球即算完成。罚球者不得往后方传球，运球后球脱离三人杆控制或变成死球、球飞出界，均视为点球完成。

2.执行点球时，罚球者应遵守所有标准比赛规则，包括发球程序和时间限制等规定。罚球者在运球时导致球进入球门，也算得分。

3.执行点球前后，允许选手换位，不计为暂停。

4.执行点球期间可以申请暂停，但要合规地执行。

5.不合规地执行点球判进球不得分。随后比赛应在技术犯规发生前球所在的位置继续进行或根据竞赛规则相关规定执行。

6.点球结束了一局比赛，对方将获得下一局比赛的首次发球权。

7.情节较为恶劣或有意违反比赛规则追加判罚技术犯规。在一局比赛中，一方被判第三次技术犯规，则判取消其比赛资格并判对方获胜。

（四）语言及行为

选手在比赛期间的语言及行为必须遵守道德规范，尊重他人。不允许选手直接或间接地做出非体育道德的言论或行为。行为违规处罚：首次警告，第二次违反本条规定裁判可判技术犯规，或裁判长根据情节可判取消一局或一场比赛的参赛资格、逐出比赛场地或罚款等。

1. 比赛中不允许转移对方注意力，否则判干扰比赛。在比赛中大喊大叫，即使是出于激动的情绪，也可判行为违规。

2. 严禁选手对其他任何人进行咒骂、威胁或表示出攻击性行为，违者判处技术犯规。持续违反，裁判长可取消其参赛资格，直至被逐出比赛场地。

3. 比赛中选手禁止使用耳机、手机或任何其他电子设备，否则判定违规。

4. 允许教练在暂停期间或得分间歇、比赛间歇允许时间内对选手进行指导，但不得干扰比赛。

5. 选手不得使用与赛事规定不同的比赛形式进行比赛，否则判行为违规。

6. 比赛中观众不得指导选手而分散选手或裁判的注意力，进而影响比赛正常进行。违反本条规定且不听劝告者将被逐出比赛场地。

十三、时间控制

时间控制表

比赛阶段	详细情形	时间(秒)	超时处罚
控球	二人杆（含守门员杆）	15	对方五人杆发球
控球	五人杆	10	对方五人杆发球
控球	三人杆	15	对方二人杆发球
控球	松开2只手柄	3	默认超时判暂停一次
暂停	选手主动暂停	30	对方五人杆发球
暂停	得分与得分之间间歇	5	对方五人杆发球
暂停	局与局之间比赛间歇	90	对方五人杆发球
重新开始	取回并定位球	3	延误比赛警告
重新开始发起开球程序	询问ready	3	延误比赛警告
重新开始发起开球程序	回复ready	3	延误比赛警告
开球顺序	与计时人偶的首次接触	3	延误比赛警告
延误比赛警告	重新开始	5	扣除暂停处罚

十四、检录和取消参赛资格

当宣告某场比赛即将开始后，双方选手应立即到指定的球台报到。三分钟内某选手未到指定的球台报到，他们将被持续地检录。为避免被取消参赛资格，被检录的选手应立即到指定的球台报到。

1. 每三分钟将会再次检录。检录未到自第三次起的处罚是取消一局比赛的参赛资格，直至取消一场比赛的参赛资格为止。

2. 因一方检录未到被取消某几局的参赛资格，恢复参赛后可选择站位权或首先发球权。

3. 主裁判负责执行此条规则的判罚。

十五、规则的判罚和申诉

问题发生时临场裁判的判决具有最终约束力，对于判罚的争议，选手不得申诉。当争议涉及规则的解释，或问题发生时没有裁判在场，则裁判应根据当时的情况做出尽可能公正的裁决；在这种情况下，选手可以对裁判的判罚提出申诉，但必须立即依照下列方式进行。

1. 关于规则解释争议的申诉方法：选手应在争议发生后恢复比赛之前，向裁判提出申诉，涉及比赛失利的申诉应在胜方进行其下一场比赛之前向裁判提出。

2. 所有关于规则的申诉，由裁判长和至少两位裁判（如果有的话）共同受理，其对于申诉的裁定将具有最终约束力，选手不得异议。

3. 针对明显无争议事项的败诉，或质疑裁判的最终裁决，将计该队暂停一次；另外，裁判可视情况加判该队延误比赛。

4. 比赛中严禁与裁判争论，违反此条规定判延误比赛或违反体育道德。

十六、裁判宣告

选手必须熟悉裁判员在比赛中及比赛中断时发出的宣告。（见后表）

裁判宣告表

裁判宣告	原因	选手动作
时间到	允许的最长暂停时间已到	重新开始
开始	比赛开始	进行开球程序
停止	裁判员将做出判罚	球必须停下且被控制
超时	裁判员将做出判罚	球必须停下且被控制
重置	重置犯规	继续进行比赛
重置警告	重置犯规	继续进行比赛
技术犯规	重复犯规或其他严重犯规	球必须停下并进行点球

桌式足球竞赛裁判法

一、目的

1. 确保《桌式足球竞赛规则》的实施。
2. 提供裁判员现场执法操作依据。
3. 保证桌式足球竞赛的正常运行。

二、裁判员应具备的条件

裁判工作是桌式足球竞赛的重要组成部分，裁判工作水平的高低直接影响比赛的进行和比赛的结果。裁判工作具有组织、教育、宣传和推动桌式足球运动发展的作用。

裁判员应该具备下列条件：

1. 热爱桌式足球运动，有事业心和责任感，不图名利，不计较个人得失，遵守裁判职业道德，作风正派、不徇私情、坚持原则，敢于同不良行为作斗争。

2. 必须精通《桌式足球竞赛规则》，熟练掌握和运用《桌式足球竞赛裁判法》。

3. 以竞赛规则和比赛规程为基准，严肃认真、公正准确地执裁。

4. 带头遵守各项规章制度，互相支持、加强团结、提高业务水平，确保《桌式足球竞赛规则》的实施。

5. 维护参赛选手的平等权益。

6. 刻苦钻研和实践，掌握桌式足球裁判工作的规律和特点，在实践中发现问题并解决问题，不断提高裁判工作能力，更好适应桌式足球运动的发展。

第一章 竞赛组织

桌式足球竞赛组织工作主要包括确定组织方案、制定竞赛规程、拟定竞赛日程、编制秩序册以及宣传、场地、住宿等其他事宜。赛前管理工作在竞赛组委会（或领导小组）正式建立前，由竞赛筹备委员会（或筹备小组）负责。组委会正式建立后，则由组委会负责。

第一条 确定组织方案

一项竞赛活动要有步骤地展开，必须首先进行总体设计构思并提出组织方案。竞赛组织方案大体包括以下内容：

1. 比赛名称和目的任务：根据比赛的内容、性质、赛制、时间和规模等因素确定比赛名称；根据比赛性质、特点和相关要求等，确定比赛的目的和任务。

2. 比赛的主办与承办单位。

3. 比赛时间与地点。

4. 比赛规模：包括规定参赛者范围、比赛等级、比赛场馆器材设备的档次要求与数量等。

5. 比赛的组织机构：包括竞赛组织各职级机构设置和工作岗位安排以及人员配置等。

6. 经费预算：包括竞赛经费来源与筹资计划、经费使用原则与使用范围、收支计划与增收节支措施等。

7. 工作步骤：确定竞赛整体工作的阶段划分和各阶段的工作重点与具体步骤。

第二条 制定竞赛规程

一、制定要求

1. 主办单位必须根据竞赛目的、任务、性质、规模等具体情况制定竞赛规程。竞赛规程必须符合竞赛规则要求，可对竞赛规则适当补充说明，作为赛事的法规性文件。

2. 竞赛规程通常应在数月前印发，使参赛单位能根据竞赛规程的宗旨、内容和要求，组建队伍，确定竞赛和训练目标，积极准备，迎接比赛。

二、竞赛规程内容

（一）主办单位

（二）承办单位

（三）指导单位（或协办单位）

（四）竞赛日期和地点

（五）参赛单位

（六）竞赛项目

（七）参加办法

（八）竞赛办法

（九）录取名次与奖励

（十）报名及报到时间

（十一）经费

（十二）裁判员

（十三）其他事项

三、竞赛规程（范例1）

_____年全国桌式足球_____赛竞赛规程

（一）主办单位

（二）承办单位

（三）指导单位（或协办单位）

（四）竞赛日期和地点

_____年__月__日至__月__日在____省____市举办。

（五）参赛单位

各桌式足球协会、桌式足球俱乐部、学校等。

（六）竞赛项目（参照规程）

（七）参赛办法

以_____为单位，每个单位限报___支队伍参赛。各单位限报领队___人、教练员___人，统一服装。

（八）竞赛办法

1. 执行国家体育总局社会体育指导中心审定的桌式足球竞赛规则。

2. 按照桌式足球的比赛赛制规定进行比赛。

（九）录取名次与奖励

1. 各项录取前八名，前三名颁发金、银、铜牌，前八名颁发获奖证书。

2. 参赛人（队）数不足录取名次的单项和团体，均减一录取，按录取名次计牌计分。单项不足3人、团体（集体项目）不足3个队的项目均不成立。

3. 获得单项特别奖的选手发奖章（杯）或证书。

（十）报名及报到时间

1. 报名。

（1）各参赛单位于____年__月__日至__月__日将电子版和纸质版（盖章）的报名表各一份，分别发送至邮箱和邮寄至_____。

（2）如电子版和纸质版的报名有出入，以纸质版报名表为准，报名不符合要求的视同放弃，逾期报名的以弃权论处。

2.报到。

（1）报到时间、地点，以另行下发的补充通知为准。

（2）报到时需持二代身份证原件、《意外伤害保险单》和经县级以上医务部门检查证明身体健康的《健康证明》。

（十一）经费

1.各参赛单位或个人须在报名同时向比赛承办单位交纳报名费。

2.参赛单位或个人的旅费、食宿费自理。

（十二）裁判员

仲裁委员和裁判员统一由全国桌式足球推广委员会选派。

（十三）其他事项

未尽事项，由承办单位另行通知。

第三条 拟定竞赛日程

一、制定要求

1.公平性：确保所有参赛队伍或选手有平等的机会参与比赛，避免出现赛程安排上的不公平。

2.合理性：竞赛日程的安排应该合理，避免过于密集或过于松散，要考虑参赛选手的体力和精力。

3.可行性：制定竞赛日程时，需充分考虑实际情况，如场地、设备、裁判等资源的可用性，确保日程安排的可行性。

4.时间控制：明确比赛的开始时间、结束时间以及每轮比赛的时长，确保比赛能够按时完成。

5.分组与轮次：根据参赛队伍或选手的数量，合理进行分组，并确定比赛的轮次。

6.休息时间：在比赛之间安排适当的休息时间，让选手有足够的时间恢复体力和调整状态。

7.决赛安排：决赛应安排在整个赛程的最后阶段，以增加比赛的悬念和观赏性。

8.信息发布：及时向参赛选手、裁判和观众发布竞赛日程信息，确保各方都能了解比赛的时间和安排。

二、内容安排

（一）大会总日程安排

1. 裁判团队报到。

2. 参赛选手报到。

3. 技术会议及抽签安排。

4. 开幕式安排。

5. 竞赛日程安排。

6. 闭幕式安排。

（二）大会总日程安排（范例2）

日期	上午	下午	晚上	地点
8/24（四）	裁判团队报到	组委会、裁判员全体会议		酒店
8/25（五）	参赛选手报到	裁判员赛前培训	技术会议及抽签仪式	酒店
8/26（六）	开幕式/预赛	预赛	预赛	体育馆
8/27（日）	淘汰赛	半决赛	决赛、闭幕式	体育馆
8/28（一）	离会			

（三）竞赛日程安排（范例3）

时间		内容	地点
8/26上午	9:00	进场	体育馆
	9:30—10:00	开幕式	
	10:10	检录	
	10:15—12:00	成人组单打预赛	
		青少年单打预赛	

时间		内容	地点
8/26下午	14:15	检录	体育馆
	14:30—18:00	成人双打预赛	
		青少年双打预赛	
		成人团体预赛	
		青少年团体预赛	
8/27上午	9:15	检录	体育馆
	9:30—12:00	成人双打淘汰赛	
		青少年双打淘汰赛	
		成人单打淘汰赛	
		青少年单打淘汰赛	
8/27下午	14:15	检录	体育馆
	14:15—17:15	成人团体淘汰赛	
		青少年团体淘汰赛	
	17:30—18:30	闭幕式	

第四条 编制秩序册

一、编制要求

1.秩序册编制工作在报名截止日期后进行，在各参赛队报到时下发。

2.确保秩序册内容准确无误，无错别字、语病和逻辑错误；字体、字号统一规范，页面布局合理，便于印刷及阅读。

二、秩序册内容

（一）封面

比赛名称、主办单位、承办单位、比赛日期、比赛地点等基本信息，设计美观、简洁。

（二）目录

清晰列出各部分的标题和页码。

（三）竞赛规程

参照范例1。

（四）补充规定或通知（如有）

在竞赛规程未规定，或当时无法确定的事项，以补充通知的形式告知参赛队。

（五）组织机构

组委会名单，包括主任、副主任、委员等；工作机构，如办公室、竞赛处、后勤处等及其负责人名单。

（六）仲裁委员会及裁判委员会名单

仲裁委员姓名，裁判长、副裁判长及各裁判员的姓名。

（七）各代表队或选手名单

按参赛单位或个人分别列出，包括代表队名称、选手姓名等信息。

（八）大会总日程及竞赛日程安排

详细的活动安排及比赛日期、时间、地点等信息。

（九）各代表队人数统计

统计本次赛事总人数，包括领队、教练员、选手等。

（十）注意事项

如参赛纪律、安全事项等。

（十一）附件

如比赛相关表格、场地示意图等。

（十二）冠名及赞助商广告

可以根据需要刊印冠名及赞助商广告，但不得喧宾夺主。

第五条 其他事项

1. 广告与宣传：赛前做好各种预热宣传，扩大赛事影响力，积极推广桌式足球运动。

2. 竞赛表格及裁判用品：在裁判报到前完成。

3. 场地、器材、设备：在选手报到前按竞赛规模完成场地的布置、器材以及相关设备的准备工作。

4. 奖品奖金准备：在选手报到前完成；按竞赛规格和单项的录取人数准备奖杯、奖牌、证书等，如有奖金，应提前准备。

5. 接待工作：赛会期间裁判人员及选手报到、食宿安排等事宜。

第二章 裁判人员的组成与职责

第一条 组成

桌式足球比赛应设仲裁委员会、裁判委员会,其人数配备应根据比赛性质、规模、主办单位的要求和参赛选手的具体数量来决定。

第二条 仲裁委员会

一、组成

仲裁委员会由主办单位任命3人或5人组成,其中设主任1人,委员2—4人。

二、资格

1. 仲裁委员会成员应来自不同单位或组织,领队和教练员不得担任仲裁委员会的工作。

2. 仲裁委员会成员必须精通竞赛规则和裁判法,并有一定荣誉和威望。

三、席位设置

仲裁委员会成员席位应设在视野清楚的位置,一般为赛场前方左侧的位置。

四、仲裁委员会职责

1. 保证竞赛规则的实施,对裁判员进行考核,当发现裁判员严重漏判、误判时,在取得多数意见同意后,与裁判长会商给予及时处理和纠正。

2. 监督裁判委员会的工作,任何仲裁委员会成员在未取得仲裁委员会多数意见时,不得干预、指使裁判员的正常工作,否则将由仲裁委员会撤换其职务。

3. 仲裁委员会一经发现裁判员营私舞弊和有不适宜担任临场裁判工作的言行时,有权向裁判长建议,经过仲裁委员会会商予以撤换。若裁判长或副裁判长有同样言行,经仲裁委员会同意并报请大会组委会,可撤换其职务。

第三条 裁判委员会

一、组成

裁判委员会通常由裁判长、副裁判长、裁判员、辅助裁判员、编排记录长、编排记录员、检录长、检录员和宣布员等人员组成。具体的职位设置可根据不同的赛事规模和竞赛组织需要进行调整和补充。赛前由主办单位指派相应人数的裁判员组成裁判委员会,不足人员可由承办比赛的主管单位选派。

二、资格

其成员必须精通桌式足球比赛规则及裁判法,经各级裁判员培训学习并考试合格,具有熟练的业务组织能力。

三、裁判的职责

（一）裁判长

1. 全面负责竞赛中的裁判工作。

2. 赛前检查落实比赛场地、器材、设备等事宜。

3. 组织裁判员学习，制定竞赛程序和工作计划，明确裁判员的分工。

4. 主持裁判技术会议，根据规则、规程精神，负责对竞赛中的疑难问题进行解释。

5. 召集技术会议，对竞赛规则和赛会要求进行说明。

6. 负责组织抽签、适应场地安排、裁判员实习等事宜。

7. 竞赛中，指挥裁判组和赛场工作，负责协调执行过程中出现的争议，并有权做出最后决定。

8. 安排比赛实况的录像工作，以作为申诉及仲裁判定依据。

9. 配合仲裁委员会，处理竞赛中有争议的重大问题。

10. 对各裁判员的执裁工作予以记录。

11. 发现裁判员有违反竞赛规则或严重违纪行为，有权依据《全国桌式足球裁判员管理办法》等政策规则进行处罚。

12. 审核、签署和宣布比赛成绩。

13. 赛后做好裁判总结工作。

（二）副裁判长

1. 协助裁判长开展各项工作，在裁判长临时缺席时可代理其职责。

2. 副裁判长任临场裁判组组长。

3. 负责本裁判组的裁判员的协调工作，调度、安排各临场裁判员的工作。

4. 负责处理竞赛中该组有关临场执裁、检录、记录、宣告中出现的问题，并及时报请裁判长。

（三）裁判员

1. 精通桌式足球竞赛规则及其他有关规定，认真学习竞赛规程。

2. 尊重并服从裁判长的指挥，有责任将竞赛中出现的问题及时上报，提出合理建议。

3. 按竞赛规则的要求进行场上执裁。

4. 裁判员不得以任何形式兼任领队、教练。

5. 不得随意向参赛选手或队伍传递有关裁判内部的消息。

6.裁判员的工作由裁判组统一安排调动，本人不得提出特殊执裁要求。

7.严格遵守裁判员守则和赛会各项有关规定。

8.比赛后及时做好总结工作。

9.赛前核查比赛器材，核对参赛选手身份。

10.完成裁判组交办的其他任务。

（四）编排记录长

1.全面负责编排组工作。制定编排组工作方案，对记录员进行培训，明确工作要求和注意事项。

2.赛前负责组织编排竞赛日程。接收、审核选手报名表，统计参赛人数，组织编制秩序册，编制比赛所需表格文件等事宜。

3.赛中的统筹协调工作。监督记录员的工作，及时解决记录过程中出现的问题和争议；与裁判组保持密切沟通，确保比赛成绩和相关信息的准确传递；负责对比赛数据进行整体把控和审核，保障数据的准确性和完整性；对成绩进行汇总，及时向赛事组委会或裁判长提交比赛相关记录报告。

4.赛后组织编制成绩册。妥善保存比赛记录的原始资料和相关文件，以备后续查询和核对，赛后做好编排组总结工作。

（五）编排记录员

1.赛前协助编排记录长接收、审核选手报名表，统计参赛人数；协助编排秩序册、比赛所需表格文件等事宜。

2.赛中按照比赛规则和要求，对选手成绩进行录入、统计、排名和汇总，及时向编排记录长提交比赛记录。

3.赛后对记录表格进行整理和归档，协助编排成绩册。

（六）检录长

1.全面负责检录工作的组织与安排，确保检录工作的顺利进行。

2.制定详细的检录工作流程和计划，协调与其他部门的工作衔接。

3.培训和指导检录员，明确工作要求和标准。

4.处理检录过程中的突发事件和争议，做出合理的决策。

5.检查检录场地和设备的准备情况，保证工作条件完备。

6.与裁判长和编排记录长保持密切沟通，及时汇报检录工作进展和问题。

（七）检录员

1. 按照规定的时间和流程，对参赛选手进行点名和资格审查。

2. 检查参赛选手的参赛证件、着装是否符合比赛要求。

3. 引导参赛选手到达指定的检录区域，维持检录秩序。

4. 及时向检录长报告检录中出现的问题和异常情况。

5. 协助检录长完成其他与检录相关的工作任务。

（八）宣告员

1. 比赛信息宣布：宣告员负责在比赛中宣布比赛开始、结束、比赛内容、比赛程序及入场退场等各项信息。宣告员应发音准确，吐字清楚，确保观众和参赛选手都能听清楚并理解。

2. 赛前宣传和重要比赛介绍：宣告员在比赛进程中抓住时机，适时介绍有关竞赛规则和桌式足球知识，在重要比赛可介绍参赛选手的基本情况等，有助于增加观众对比赛的了解和兴趣。

3. 警示和提醒：宣告员需要警示选手和观众遵守比赛规则，如禁止犯规行为、阻碍视线等。还需提醒观众保持秩序、不喧哗。

4. 比赛节奏控制：宣告员需要根据比赛情况，及时调整宣布的内容和方式，以保持比赛的流畅进行；要根据比赛进程和节奏，适时进行配合音乐的宣布或提醒。

裁判人员的配备

职务	裁判长	副裁判长	裁判员	编排记录长	编排记录员	检录长	检录员	宣告员
人数	1	2—3	N	1	3—6	1	2—4	1—2

第三章 竞赛项目、程序和用品

第一条 竞赛项目

一、单打/双打

1. 按年龄可分为：青少组（U组别）、成人组、老年组。

2. 按技术水平可分为：新手组、初级组、中级组、高级组。

3. 按性别可分为：男子组、女子组，双打可设混合双打。

二、团体赛

1. 团体赛可按年龄、技术水平、性别分为不同组别。

2. 团体赛每支参赛队伍至少由8名选手组成（可增加2名替补）。

3. 团体赛为五场三胜制，比赛顺序以"双打—单打—双打—单打—双打"依次进行比赛，每名选手在每一轮比赛中只能上场一次。

竞赛项目可根据比赛性质、规模、主办单位的要求和参赛选手数量等来决定，但应在竞赛规程中明确规定。

第二条 竞赛程序

1. 赛前20分钟，检录长集合全体选手，并讲解有关竞赛注意事项。

2. 赛前10分钟检录员第一次检录，双方选手就位。

3. 赛前5分钟检录员第二次检录，裁判员就位。

4. 裁判员在成绩登记表上注明双方选手姓名及比赛球台号。

5. 选手入场比赛。

6. 比赛结束，裁判和选手签名。

7. 编排记录处收回成绩登记表，录入并统计成绩。

8. 编排记录长将统计表、名次排列表交裁判长审核、签字。

9. 编排记录长将审核后名次送交组委会，填写奖状。

10. 宣告员请全体选手入场。

11. 裁判长宣布成绩。

12. 颁奖仪式。

13. 比赛结束。

第三条 竞赛用品

一、裁判组

工作夹、圆珠笔、记分板、白板笔、板擦、笔记本、麦克风、硬币、秒表、无线对讲机，以及电脑、电视、DV录像机等设备。

二、编排记录处

各种表格、水笔、签字笔、胶带、白纸、裁纸刀、橡皮、别针、文件袋、电脑、打印机、签号等。

三、检录处

便携式扩音器、工作夹、圆珠笔、铅笔、记分板、白板笔、板擦等。

四、宣告员

纸、笔、笔记本、麦克风等。

附件一： 竞赛常用表格

桌式足球锦标赛
报 名 表

报名单位:		领队:	联系方式:				
总人数:		教练员:	联系方式:				
参赛选手信息							
序号	姓名	性别	身份证号	组别	单打	双打	双打搭档	团体赛
1	小明	男			√	√	小丽	√
2	小丽	女			√	√	小明	√
3								
4								
5								
6								
...								

领队签字：　　　　　　　　　　　　　　　　时间：

注：
1. 所有参赛队每名选手准备好1寸白底照片电子版（照片备注选手名字）、报名表一起发送至组委会邮箱。
2. 团体赛各参赛队限报一支队伍参赛，每支队伍由8名选手组成（不足8名选手视为自动弃权）。

小组赛成绩表

A组					总进球数	总失球数	总净胜球	积分	名次
	★								
		★							
			★						
				★					

单淘汰对阵图

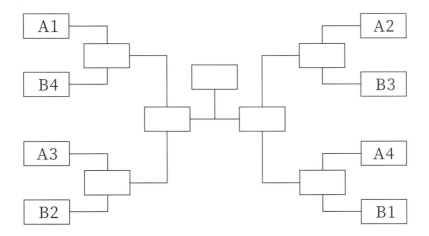

附件二：桌式足球简明规则

一、准备比赛

开赛前双方选手通过抛硬币或猜球方式进行选边或选择发球权。猜中方可先选边或选择发球权，未猜中方拥有相应的剩余权力。每局结束后双方可选择交换场地，但需在90秒之内完成交换。

二、发球

询问对方是否准备好，并获得对方的回应，然后从五人杆中间人偶开始发球。

三、随后的发球

由刚被进球的一方或上局输球方发球。球被一方打出球台，由对方二人杆重新发球。

四、死球

球完全停止运动且双方人偶都触碰不到即为死球。在两个五人杆之间死球，由原发球方重新发球；在五人杆与球门之间死球，应由离死球点最近的二人杆重新发球。

五、暂停

每局比赛中双方选手都各有两次30秒的暂停时间。在比赛中球处于静止的状态下，控球方可以叫暂停。球打出球台或出现死球，任何一方均可叫暂停，可利用暂停进行队友换位。暂停之后需获得对方确认方可重新比赛。

六、旋转球杆

在击球后旋转球杆超过360°属犯规；旋转球杆犯规并且将球打进，判为不得分，由对方五人杆发球；反之，对方可以决定继续比赛或重新发球。无故旋转球杆判为故意扰乱对方注意力。

七、球的违规移动

在比赛中，除了人偶控球、击球形成球的移动属于符合规定，其他任何人为撞动球台、强弯球杆等导致球滚动的动作均属于犯规。犯规后由对方在球的原位重新发球。

八、从球场取球

球在运动状态中，不得从球场中取球；球处在死球情况下，从球场中取球不算犯规。从本方控球区违规取球，判对方重新发球。

九、五人杆合规传球与射门

发球后五人杆必须经过两个人偶以上触球后才能传球或射门。静止不动的球不得直接从五人杆传给三人杆，不论传球途中是否有碰到对方的五人杆都是违例。要将静止不动的球传出，球必须触碰五人杆第二个人偶后方能传给三人杆。所谓静止不动的球除停止的球外，也包含被人偶压住或夹在墙边的球。

十、控球时间

球场内五人杆控球时间是10秒钟，三人杆控球时间为15秒钟，守门员杆和二人杆的控球时间合并计算为15秒钟。

十一、计分

比赛采用三局两胜或五局三胜制，每局5分。若打到决胜局4比4平时，则净胜2球方可获胜，7比7平时先得8分者获胜。

十二、语言文明

选手在比赛期间的语言及行为必须遵守道德规范，尊重他人。选手不得直接或间接地做出非体育道德的言论或行为。

中国桌式足球中长期发展规划

（2021—2035年）

中国桌式足球中长期发展规划

(2021—2035年)

为在全国推广桌式足球运动，推动桌式足球事业持续健康发展，提升桌式足球运动水平，加快建设体育强国，根据《国务院办公厅关于印发体育强国建设纲要的通知》《国务院关于加快发展体育产业促进体育消费的若干意见》等文件精神，经国家体育总局社会体育指导中心同意，特制定本规划。规划近期到2025年，中期到2030年，远期到2035年。

一、发展基础

1. 桌式足球有诸多优点。桌式足球是一项风靡欧美的全民健身运动，它浓缩了足球的精华，集益智、娱乐与运动于一体，不受持续奔跑、剧烈冲撞之苦，却享受足球运动的乐趣。桌式足球台因价格相对低廉、使用安全、占地面积小、操作简单、容易上手等特点，男女老少皆宜，很快被国人所接受。

2. 校园桌式足球逐渐普及。截至2019年，我国已有300多所院校将其纳入体育课程，各类桌式足球教室增速明显，桌式足球器材和配套设施逐步完善，借助校园桌式足球的发展，向国家输送了一批优秀运动员，参加国际赛事并取得优异成绩。

3. 社会桌式足球初具氛围。目前各地政府、主管部门及企事业单位已由了解上升到重视的程度，各地体育主管部门、协会及俱乐部组织举办的各类赛事逐步增多，加大了推广力度，参与桌式足球运动的人数每年在倍增。

4. 桌式足球产业逐步壮大。国内截至目前，专业围绕桌式足球配套生产企业已达200多家，业余爱好者达百万人。桌式足球国际交流日益增强，截至目前，已举办国际性赛事达30多场，国内赛事达100多场。经产业界和体育界等国际社会各界共同推动，桌式足球有望纳入奥运会等世界性运动会比赛项目。

但就整体而言，相比世界其他发达国家，我国桌式足球还明显落后，具有极大提升空间，具体表现在：桌式足球管理机制体制不顺、标准不统一、宣传力度不够、人才培养不足、各地发展不均衡、各级赛事不够丰富等。

二、总体思路

（一）指导思想

以习近平新时代中国特色社会主义思想为指导，深入贯彻落实党的十九届二中、三中、四中全会精神，推动落实"四个全面"战略布局，坚持以创新激发桌式足球发展活力，协调统筹校园桌式足球、职业桌式足球和社会桌式足球发展，以绿色引领桌式足球发展风尚，以共享让更多的民众享受桌式足球的魅力，走出一条符合中国实际的桌式足球发展路子，努力实现"桌式足球强国梦、中华民族复兴梦"。

（二）战略定位

1. 全民健身事业的一部分。桌式足球是一项备受全球民众喜爱的休闲体育运动。推广和发展桌式足球运动，可以增强民众身体素质，是提高全民族身心健康水平的重要支撑。

2. 国民经济产业的一部分。桌式足球产业是朝阳产业和绿色产业，在转方式、调结构及促发展中扮演着重要角色。推广和发展桌式足球运动，可以扩大消费，拉动体育产业及相关产业发展，形成新的经济增长点。

3. 民族精神的一部分。桌式足球运动具有育人功能，有利于弘扬社会主义核心价值观。推广和发展桌式足球运动，可以构建有中国特色的桌式足球文化，激励人们顽强奋斗精神，促进人们身心全面发展，提升中华民族的凝聚力和自豪感。

三、发展目标

1. 近期目标（2021—2025年）：在符合条件的地区，建立1—2个国家级桌式足球训练、培训及研学基地；创建1—2个全国桌式足球城（乡、镇）；打造1—2个全国品牌赛事，定时定点举办；申办2025年或2027年桌式足球世界杯；完善桌式足球各项管理制度，强化全国桌式足球推广委员会（以下简称"推广委"）的领导地位，加快各级协会的成立；统一器材标准、统一竞赛规则、统一教学大纲，建立教练员、裁判员管理办法及运动员等级、积分管理办法；努力将桌式足球纳入各省（市）运会比赛项目，协同教育部门促成各级院校的加分体育项目；形成较为成熟的小学、初中、高中和大学四级校园和县、市、省、国家四级赛事体系，组建全国各类院校桌式足球联盟；社会桌式足球进一步推广普及，支持各类桌式足球俱乐部发展壮大；创造职业桌式足球发展环境；加大桌式足球运动的宣传力度。

2. 中期目标（2026—2030年）：正式成立中国桌式足球协会；中国桌式足球实现全面发展，桌式足球成为民众普遍参与的休闲体育运动，全社会形成健康的桌式足球文化；校园桌式足球、社会桌式足球普及水平进入国际前列，桌式足球逐步进入职业化；校园桌式足球、桌式足球研学、桌式足球俱乐部、社会桌式足球及老年桌式足球协会等各种培养途径衔接贯通，形成完备的桌式足球人才培养体系，努力实现我国桌式足球动力更足、活力更强、影响力更大的发展目标；定时定点举办洲际赛，打造亚洲品牌赛事，努力将桌式足球纳入亚运会比赛项目。

3. 远期目标（2031—2035年）：全力实现桌式足球一流强国的目标，打造继乒乓球之后的第二个小球王国，构建桌式足球生态圈，引领桌式足球的发展方向。

四、主要任务

（一）构建制度体系

1. 构建具有中国特色的桌式足球管理体制，搭建政府统筹推进、部门分工负责、社会广泛参与的管理框架。政府的主要职责是提供公共服务，营造市场环境，加大宣传力度；体育主管部门加强对中国桌式足球改革发展的政策研究和宏观指导，促进各职能部门协同配合；教育行政部门履行好校园桌式足球主管责任，积极推动校园桌式足球发展；推广委主要负责统一组织管理和指导桌式足球运动发展，推动桌式足球运动普及和提高；激发市场活力，充分调动社会力量参与桌式足球发展的积极性，实现桌式足球运动经济效益和社会效益良性循环。

2. 完善推广委的管理机制。建立秘书处进行政策性文件的研究、制定及传达，协调下属各委员会的日常工作，运动员、教练员、裁判员相关资格的审核和管理，对外联系工作等；建立健全教练、裁判、器材、竞赛、市场推广与宣传等委员会，并开展相应工作；取消民间非法组织（如中国桌式足球联合会等），结束各地方各自为政的现状；各地方行业协会参照推广委管理体制调整组建，接受推广委行业指导和管理，担负本地区、本行业的会员组织建设、竞赛、训练、宣传等职责；经过努力，逐步形成覆盖全国、组织完备、协作有力、符合现代桌式足球管理运营需要的协会管理体系。

3. 完善规章制度。尽快编制完成《全国桌式足球段位制及实施细则》《全国桌式足球竞赛器材标准》《全国桌式足球教学大纲》等；为了快速推广，树立标杆，在降低准入门槛的前提下，尽快编制完成《全国桌式足球示范学校评选标准》等。

（二）培养人才队伍

1. 根据体育总局、教育部印发《关于深化体教融合促进青少年健康发展的意见》文件精神，把发展校园桌式足球作为培养后备力量的重点工作进行。

（1）近期目标：积极创建全国校园桌式足球特色学校，2025年达到500所左右，鼓励各地先行先试，发展桌式足球社团，培养桌式足球兴趣，开展丰富多彩的课余训练、竞赛活动，扩大校内、校际桌式足球比赛覆盖面和参与度，组织冬令营、夏令营等研学活动。通过政府购买服务等形式支持社会力量进入学校，不断培育桌式足球爱好者和桌式足球人才。

（2）中期目标：全国校园桌式足球特色学校2035年达到1000所左右。大幅增加青少年桌式足球参与规模，加强校园桌式足球建设，把桌式足球列入体育课教学内容，逐渐推动将桌式足球科目纳入初、高中学业水平考试范围，纳入中考计分科目。以市场化、社会化为导向，构建多渠道、多形式人才发现和培养机制，不断增加桌式足球人才后备力量。

（3）远期目标：全国青少年桌式足球运动蓬勃发展，成为家喻户晓、全民参与的娱乐健身运动，逐渐进入每个家庭，创造健康、和谐的家庭环境。

2.加强教练员和裁判员队伍建设，不断完善教练员和裁判员培训体系。构建社区桌式足球指导服务体系，提高社会体育指导员的技能水平。面向市场需求，通过体育院校、职业培训和继续教育等形式，培养桌式足球行业人才，加强桌式足球产业人才的国际合作与交流。

（1）桌式足球专业化人才培养计划，在符合条件的院校设立桌式足球专业，鼓励吸引其他专业学生选修桌式足球方向，积极开展桌式足球教学、培训、科研、文化建设活动以及桌式足球产业发展研究。

（2）通过社会力量，构建布局合理、功能完善的桌式足球教育培训和研学基地，通过各种有效方式开展桌式足球教练的培训，在2025年前实现所有校园桌式足球教练持证上岗。

（三）丰富赛事活动

1.广泛开展校园桌式足球活动。开展以强身健体和快乐参与为导向的校园桌式足球比赛，以增强学生体质、意志，普及桌式足球知识技能及培养桌式足球兴趣爱好为目的，举办多种形式的校园桌式足球活动。逐步建立分学段（小学、初中、高中、大学）、跨区域（县、市、省、国家）的四级青少年桌式足球赛事体系，利用课余时间组织校内比赛，周末组织校际比赛，假期组织跨区域及全国性比赛。

2.打造品牌赛事。依托现阶段已举办的全国桌式足球公开赛、锦标赛、大奖赛，首先通过持续的推广与宣传，让参赛人数与运动员水平不断地提高，为尽快普及，每场赛事参赛人数初期目标达到千人以上，中期目标达到两千人以上；其次要培育专业团队进行赛事组织、运营，围绕桌式足球比赛核心，通过不断商业化、大众化、娱乐化，打造成可持续发展的品牌赛事。

参考文献

【1】国际桌式足球联合会官方网站 https://www.tablesoccer.org．

【2】国家体育总局社会体育指导中心.桌式足球竞赛规则与裁判法[M].北京：高等教育出版社，2009．

【3】汪明.表象训练提高运动技能效能的心理机制[J].南京师大学报(社会科学版)，2009(5)．

【4】赵先卿.心理素质与赛后心理调节的分析[J].成都体育学院学报，1998(4)．

【5】赵立.方法论与我国的运动训练[J].中国体育科技，1998(5)．

【6】林岭，王华叶.运动性心理疲劳研究[M].北京：中国书籍出版社，2012．

【7】焦艳.体育运动心理学:理论与应用[M].南京：南京大学出版社，2006．

【8】田麦久.运动训练学[M].北京：高等教育出版社，2000．

【9】Richard H C.运动心理学——概念与应用[M].北京：清华大学出版社，2003．